LOS ÁRBOLES *crecen* POR LAS RAÍCES, LAS **PERSONAS** POR LOS **AMIGOS**

Título: Los árboles crecen por las raíces, las personas por los amigos

ISBN: 978-607-29-5833-3

@pablofletchers
@menos_comun
https://linktr.ee/menoscomundelossentidos

LOS ÁRBOLES
crecen
POR LAS RAÍCES, LAS **PERSONAS** POR LOS
AMIGOS

Características, cualidades
y ámbitos de la amistad

PABLO **FLETCHER** SOTOMAYOR

Para el Amigo, para los amigos, para los compas:
por ser mi ejemplo, dar alegrías y demostrar cariño.

Me esforzaré por encarnar todo lo que aquí he escrito.

Mis **amigos** me hacen *crecer,* sus problemas son mis problemas, sus luchas son mis luchas.

* En el collage aparecen muchos de mis amigos, tengo la gran fortuna de tener muchos más, pero solo están las fotografías de aquellos de los que relato alguna anécdota en este libro. Si no aparece tu foto, te pido perdón por no haberte incluido, seguramente lo merecías y te estoy causando una decepción al no haberte tenido presente.

Introducción

Recuerdo muy bien a Lito, mi gran amigo de la primaria. Él era muy bueno jugando al fut, y yo, siendo honesto, malísimo. Lito no hablaba mucho excepto cuando estábamos solos, entonces sí se explayaba y había que aprovechar cuando hacía alguna pausa para respirar para poder entablar el diálogo; siempre tenía el chiste adecuado en el momento adecuado, nos reíamos mucho... todo cambió cuando en las vacaciones de verano al salir de 6to grado, me fui con mi familia a Guadalajara, y volvimos cuando el curso escolar ya llevaba dos semanas de haber iniciado, entonces me topé con la sorpresa de que mi gran amigo había quedado en el salón A mientras yo estaba en el C... y se acabó la "amistad", no volvimos a jugar futbol, ni a platicar, ni a contar chistes... él estaba en el A y yo en el C, no teníamos ya nada en común. Tuvieron que pasar 3 años, 3 largos años para retomar la amistad. Y sí: volvimos a coincidir en 4to año (1ro de prepa) en el mismo salón... y volvió la amistad. Pero esta vez, salíamos juntos, íbamos a fiestas, también a la playa... En cambio, al año siguiente que nos volvieron a separar de aula, la amistad no acabó: ya nos habíamos hecho realmente amigos. Ha pasado el tiempo, más de 25 años, y aun cuando vivimos muy lejos, en países distintos, conservamos nuestra amistad. ¿Cómo puede explicarse esto?

Cuando somos niños, en realidad no tenemos amigos, aunque así le llamemos. El hecho de que mamá pregunte el primer día de clases *"¿Cuántos amiguitos hiciste hoy?"*, no quiere decir que por coincidir en un salón de clases seamos amigos de 30 niños, pues cuando estamos pequeños, cambiar de salón era cambiar de amigos. Es hasta la adolescencia cuando comenzamos a tener amigos, cuando empezamos a poner más atención a los demás, cuando compartimos otro tipo de actividades fuera del típico ambiente escolar, por lo tanto, mayores oportunidades de conocer a las personas.

Definiciones sobre amistad hay unas cuantas porque, curiosamente, son más los que la explican que los que la definen. La primera, y muy poética, está atribuida a Aristóteles: *"La amistad es una sola alma que habita en dos cuerpos"*.[1] Pero también grandes escritores españoles dieron sus definiciones, como Lope de Vega: *"La amistad es la relación más feliz que puede existir entre dos o más seres humanos"*[2] o Antonio Machado: *"La amistad es la unión de dos almas que se buscan y se necesitan para compartir la vida"*[3]. Una que me agrada

---

[1] Aristóteles escribió ampliamente sobre la amistad en "Ética a Nicómaco", aunque la frase exacta no aparece textualmente en ninguno de sus escritos.

[2] De Vega, L. (1632). *La Dorotea*.

[3] Es una de las citas más conocidas del escritor español, pero es difícil determinar en qué momento la pronunció o escribió.

especialmente es la de un clásico del siglo pasado, Pedro Laín Entralgo: *"La amistad es una comunicación amorosa entre dos personas, en la cual, para el mutuo bien de estas, y a través de dos modos singulares de ser hombre, se realiza y perfecciona la naturaleza humana".*[4]

En este libro pretendo explicar mi particular hipótesis sobre las características básicas de la amistad, esa relación entre dos personas donde el interés genuino por el otro y la confidencia demuestran con hechos el cariño que les une y les hace feliz: la coincidencia, la afinidad subjetiva y la objetiva, el conocimiento mutuo, la confidencia, el cariño y la lealtad. Quiero iniciar este libro lanzando un breve vistazo sobre estas 7 cualidades.

Cualquier circunstancia es válida para dar el primer paso de esa relación de amistad, pues esta nace de modo espontáneo: coincidimos en algo, un lugar de estudio o de trabajo, una afición común o es amigo del amigo del amigo… es el primer paso. Lo explica C.S. Lewis: *"El compañerismo es sólo la matriz de la amistad. Con frecuencia se le llama amistad, y mucha gente al hablar de sus «amigos» solo se refiere a sus compañeros. La amistad surge fuera del mero compañerismo*

---

[4] Laín Entralgo, P. (1972). *Sobre la amistad.* Biblioteca Virtual Miguel de Cervantes.

cuando dos compañeros descubren que tienen en común algunas ideas o intereses o simplemente algunos gustos que los demás no comparten y que hasta ese momento cada uno pensaba que era su propio y único tesoro, o su cruz. La típica expresión para iniciar una amistad puede ser algo así: «¿Cómo, tú también? Yo pensaba ser el único».[5]

Después viene el "me cae bien". Me río con él, me la paso a gusto en su compañía. A esto le llamamos afinidad subjetiva, muy necesaria, pero necesita crecer mediante el trato y la dedicación de tiempo, si no se puede quedar solo en lo sentimental, incluso se podría estar "utilizando" la amistad: solo busco al "amigo" cuando me quiero divertir, cuando me es útil.

"Querer lo mismo y rechazar lo mismo, es lo que los antiguos han reconocido como el auténtico contenido del amor: hacerse uno semejante al otro, que lleva a un pensar y desear común".[6] Esa es la afinidad objetiva: entendernos en lo importante, pensamos igual en los aspectos más relevantes de nuestras vidas.

Pero para que la amistad crezca es condición *sine qua non* que se dedique tiempo al amigo, hacer planes, hablar,

---

[5] Lewis, C. S. (1960). *Los cuatro amores.*

[6] Benedicto XVI. (2006). *Deus caritas est.*

reírse, discutir, jugar, estudiar juntos... Es en ese tiempo "perdido" en compañía donde se puede conocer al amigo y todo lo bueno que tiene, *"pero también sus problemas, sus defectos, su historia personal, su entorno. Solo así la persona es el centro y objeto mismo de la amistad y no los sentimientos o intereses comunes".*[7]

En mi libro favorito, el zorro se lo hace ver al Principito: *"Es el tiempo que has perdido con tu rosa lo que la hace tan importante".*[8] Porque los amigos comparten todo: alegrías, ilusiones y emociones, y también las tristezas. Pero el verdadero amigo se hace ver especialmente cuando el otro necesita de su ayuda. Como lo dejó escrito Francisco de Quevedo: *"El amigo ha de ser como la sangre, que acude a la herida sin esperar que le llamen".*

El amor no es un sentimiento, es un acto de la voluntad, una decisión, yo decido quién es mi amigo, sin ello no hay amor de benevolencia (del que hablaba Aristóteles[9]): querer lo bueno para el otro... aunque no sea conmigo. Porque amar es querer

---

[7] Ocáriz, F. (14 de febrero de 2017). *Carta del Prelado*. Recuperado en https://opusdei.org/es/article/carta-pastoral-prelado-opus-dei-14-febrero-2017/

[8] Saint Exupéry, A. (1951). *El Principito.*

[9] cfr. Aristóteles. (350 a.C). *Ética a Nicómaco.*

pasarla bien pero también estar dispuesto a pasarla mal por el amigo: invertir tiempo y esfuerzo cuando tal vez no tengo ganas, o hacer a un lado mis preferencias y ceder cuando el otro necesita ese sacrificio.

Pero el paso decisivo de la amistad se da en la confidencia: cuando, después de todo lo dicho anteriormente, me doy cuenta que aquel es digno de mi confianza, que puedo abrir mi alma, mostrar mi intimidad, volverme vulnerable. La confianza es básica, un elemento esencial en una verdadera amistad, y lo que pone la línea gruesa entre los amigos y las amistades en general.

Cuando me siento tan identificado con alguien, cuando le dedico tiempo y le conozco, cuando puedo confiar totalmente, es lógico que surja el cariño, y este surge de manera natural. La diferencia entre el compañerismo y la amistad es el afecto. *"El afecto enseña primero a saber observar a las personas que «están ahí», luego a soportarlas, después a sonreírles, luego a que nos sean gratas, y al fin a apreciarlas.*[10] Es lo más parecido al enamoramiento que se da previo al noviazgo, porque se ve solo lo bueno, y eso hace surgir una

---

[10] Lewis, C. S. Ob. Cit.

cierta necesidad del otro: ganas de pasárselo bien, de tener su compañía, de hablar, de estar juntos, de compartir...

Para finalizar estas características básicas de la amistad, dicen que decía Leonardo da Vinci: *"Reprende al amigo en secreto y alábalo en público"*. Por eso, el amigo **siempre** habla bien de su amigo, SIEMPRE. Delante de otros y en ausencia del amigo, nunca dirá sus defectos, menos aún se burlaría de él, eso es lealtad, una característica indispensable de la amistad. Y claro que también le corrige, pero a solas. ¿Quién más que el amigo está interesado en que aquel a quien quiere sea una mejor persona?

La amistad surge de manera natural entre dos hombres o dos mujeres que tienen circunstancias muy parecidas. Puede existir amistad entre novios o esposos, entre padres e hijos, entre hermanos, o entre maestro y alumno, pero sin duda tienen características distintas de la amistad que se da de manera más pura entre personas de edad y características similares.

En resumidas cuentas, podemos decir que para que surja una verdadera amistad se requieren:

1. Intereses en común, pero la amistad se mantiene fuera de ese ambiente común.
2. Afinidad subjetiva: nos caemos bien.

3. Afinidad objetiva: nos entendemos en lo importante.
4. Conocimiento e interés por el otro, por él y por lo que a él le interesa.
5. Confidencia, confianza en el amigo.
6. Cariño, afecto que se tiene al amigo por el cual se espera su bien y se desea su compañía.
7. Lealtad y deseo de que sea siempre mejor.

A lo largo de las próximas páginas iremos explicando cada una de esas características, también las virtudes necesarias en la relación de amistad y los ámbitos especiales en que se da.

Características básicas

de la amistad

1

Tantos siglos, tantos mundos, tanto espacio... y coincidir

En el mundo hay más de 8,000 millones de personas. En Iberoamérica hay más de 600. En México, más de 120. En Guadalajara viven 5 millones; en Madrid y Buenos Aires, 3; en Ciudad de Panamá y en Tegucigalpa, poco más de un millón; en Hermosillo, casi llegan al millón de habitantes. Sin embargo, en 60 años de vida que pueda tener me cruzaré con tanta gente como los que caben en el estadio del Abierto de Tenis de Acapulco: unas 5,000 personas. Estas son las conclusiones de un estudio liderado por Esteban Moro, investigador del MIT. 5,000 personas son con las que tendré algo que ver en el transcurso de mi vida.

Las redes sociales, la tecnología y la facilidad de movimiento dan la sensación de que tengo el mundo en las manos. Pero es solo una sensación. La cifra de gente con la que mantendré contacto puede ir desde las conversaciones interminables con mi mejor amigo, hasta un par de diálogos con el cajero de una tienda. Desde un contacto casual, hasta uno de profundidad, y entre ellos existen otros tantos como familiares, profesores, compañeros, amigos que aparecerán a lo largo de mi existencia y van a influir más o menos en mi vida.

Aunque 5.000 personas en 60 años son más o menos 2 personas nuevas cada 10 días, tampoco es un número tan pequeño… Alguno podría decir: ¡pero si tengo 1000 seguidores en Instagram y 2000 "amigos" en Facebook! Incluso hay un estudio muy serio que explica el "número de Dunbar": 150 es la cantidad máxima de gente que tratamos con algún tipo de confianza. Su autor, Robin Dunbar, explica que ese número corresponde a *"todas aquellas personas con las que no dudarías en entablar conversación si te las encontraras a las tres de la madrugada en la sala de embarque del aeropuerto de Hong Kong. Esas personas sabrían de inmediato quién eres y dónde te sitúas con respecto a ellas, y tú sabrías dónde se sitúan ellas con respecto a ti"*.[11]

Va, ok, pero de todos esos ¿de cuántos conozco su segundo apellido? ¿A cuántos podría felicitar sin ver mi registro de cumpleaños? De esos, ¿con cuántos he tenido un buen rato de diálogo uno a uno en el último año? Y para rematar, ¿con cuántos de estos últimos fue esa platicada para pedirle un consejo, escuchar un desahogo o para compartir una

---

[11] Dunbar, R. (2023). *Amigos, el poder de nuestras relaciones más importantes.* Paidós.

alegría? O sea, ¿cuándo fue algo de verdad importante? Porque si me pongo a pensar que después de 5,000 personas que se supone que conozco, según Dunbar solo a 150 saludaría en el aeropuerto; más aún, probablemente apenas con unas 20 considero que tengo una cierta amistad, y de ahí, realmente solo podría de decir que unos 3 o 4 son amigos, de los que uno llama de verdad amigos… ¡es una cantidad impresionante!

Tanta gente se ha cruzado en mi camino y son tan pocos los que han dejado una huella… Hay personas que pasan por mi vida sin hacer ruido, sin llamar la atención. De algunas, con el paso del tiempo, hasta los detalles más básicos se han borrado de mi memoria… así sucede.

Recuerdo que Diqui, un buen amigo de la infancia (y con quien aún mantengo mucha cercanía), y yo coincidimos en un curso de verano en South Bend, Indiana con un muchacho panameño oriundo de la ciudad de Santiago de Veraguas, con el que hicimos amistad. Un tipo muy buena onda, muy *compa*, nos la pasamos muy bien durante esas semanas. En ese momento, según yo, sabía mucho de su vida, hablábamos de muchos temas y nos reíamos de otros tantos más… Han pasado algunos años y, como yo no hice más para mantener esa amistad, el día de hoy, no consigo ni siquiera recordar su nombre. Y éramos "súper amigos".

En cambio, con Juan, mi amigo inseparable del bachillerato, con quien pasé tantas horas juntos: fiestas, planes en su casa y en la mía, horas de estudio; él sabía quién era la chica que me gustaba, y también con qué profesor tenía más problemas... las vueltas de la vida han hecho sean muchos los kilómetros que nos separen. Mantenemos cercanía gracias a sus publicaciones regulares en Instagram, nos felicitamos mutuamente en nuestros respectivos cumpleaños, también coincidimos en el 25 aniversario de nuestra graduación, y cada vez que visito Panamá buscamos la manera de vernos... Hay mucho cariño, sin duda, pero la distancia ha hecho que sean menores los momentos de coincidencia.

De seguro a todos nos ha pasado que durante la etapa escolar o universitaria apareció aquel personaje, un profesor, un preceptor, alguien mayor que yo, que, de entrada, provocó una alegría inmediata, porque el diálogo con él removió algo dentro de mí: me hizo pensar en cosas que nunca había meditado, puso ante mí realidades que me sacaron de mi zona de confort y, sin proponérselo, hasta me sentí obligado a tomármelo en serio. Pensaba en ese momento que esto iba a cambiar mi vida, que sería él mi gran ejemplo a seguir, quien me ayudaría a marcar el camino, que siempre lo tendría a mi lado para pedir un consejo... ¿y dónde está ahora? ¿Le sigo teniendo cerca?

He tenido muchos compañeros a lo largo de la vida: compañeros de escuela, de deporte, de hobby… y ahí es donde surge la primera posibilidad de la amistad. Pero no es lo mismo: no es lo mismo ser amigo que ser compañero, *"el compañerismo se da entre personas que hacen algo juntas: cazar, estudiar, pintar o lo que sea. Los amigos seguirán haciendo alguna cosa juntos, pero hay algo más interior, menos ampliamente compartido y menos fácil de definir; seguirán cazando, pero una presa inmaterial; seguirán colaborando, sí, pero en cierto trabajo que el mundo no advierte, o no lo advierte todavía; compañeros de camino, pero en un tipo de viaje diferente. De ahí que describamos a los enamorados mirándose cara a cara, y en cambio a los amigos, uno al lado del otro, mirando hacia adelante"*.[12]

Hay que tener el deseo de que ese compañerismo llegue a algo más. Aunque no es tanto un asunto de voluntad (al menos no en un primer momento) es, más bien, como que con ese compañero me siento identificado: veo en ese colega algo que no se da en los demás. ¿Tal vez puro sentimiento? ¿Una corazonada? ¿Una inspiración divina? ¿O todas al mismo tiempo? El punto es que descubro que ese compañero tiene algo más que otros colegas no tienen.

---

[12] Lewis, C. S. (1960). *Los cuatro amores.*

La amistad no puede surgir de la nada, inicia con esa coincidencia en "algo". Si alguien simplemente se plantea "quiero tener amigos", no conseguiría nada, *"no podría nacer ninguna amistad, aunque pueda nacer un afecto,* explica C.S. Lewis; *no habría nada sobre lo que construir la amistad, y la amistad tiene que construirse sobre algo, necesito unos cimientos basados en algo importante o no tanto ya que puede ser una afición, aunque solo sea una afición por el dominó, o por las ratas blancas* (ese es el ejemplo que pone don Carl, no yo, que conste). *Los que no tienen nada no pueden compartir nada, los que no van a ninguna parte no pueden tener compañeros de ruta.*[13] Como el caso de Fer, un muchacho al que conocí cuando un amigo suyo lo llevó a una sesión de "Chelas y netas"[14] donde descubrimos nuestro gusto común por la cerveza artesanal y por las conversaciones de profundidad.

Los amigos no se buscan, se encuentran. El inicio es una coincidencia: la escuela, un trabajo, un familiar, el amigo del amigo… En una clase de inglés en la universidad coincidí con Guy. En un primer momento no le puse atención pues su forma de ser era muy distinta a la mía, pero con el paso de las

---

[13] Lewis, C. S. Ob. Cit.

[14] Una actividad para dialogar de temas de profundidad mientras se toma cerveza. Tiene un protocolo muy interesante y divertido. Si me escribes te cuento un poco más.

semanas y el coincidir en amistades, se fraguó una amistad que dura hasta el día de hoy.

La famosa canción "Coincidir" lo retrata de manera poética, la primera estrofa dice:

"Soy vecino de este mundo por un rato
y hoy coincide que también tú estás aquí,
coincidencias tan extrañas de la vida
tantos siglos, tantos mundos, tanto espacio… y coincidir".[15]

Y esta canción que puede emplearse para hablar del amor de mi vida también se aplica a la amistad. Es muy interesante pensar que cualquier cambio en las circunstancias, por leve que fuera, pudiera haber hecho que no coincidiéramos. Como fue el caso de mi amistad con Miguel con quién compartí aula haciendo un máster en Madrid. Yo fui el último en ser admitido en el curso y eso fue gracias a la baja de una chica argentina por problemas de salud. Miguel cuenta que cuando supo de mí, "el tipo que llegaba dos semanas tarde al curso y al que querían hacer una bienvenida", pensó para sus adentros: "Ni que fuera alguien importante… yo no voy a colaborar". Bastaron 4 meses de convivencia diaria para hacernos verdaderamente amigos. Después de esos meses en Madrid, no

---

[15] Escobar, A. (1995). *Coincidir.*

hemos vuelto a vivir en la misma ciudad, pero nuestra amistad permanece muy fuerte.

Pero después de esa coincidencia inicial debo hacer algo más: interesarme un poco más en aquella persona porque sin entender por qué, hay algo que me llama la atención. En este punto, el inicio de la amistad es el mismo que el del enamoramiento: hay un cierto *flechazo*, hay algo en ese colega que le hace ser distinto de toda la "manada": tal vez *me* descubro en él…

Pero si no tengo iniciativa será otro más de los 5,000 que aparecerán en el camino y probablemente habré dejado pasar a quien iba a ser alguien importante en mi vida.

"En la amistad creemos haber elegido a nuestros iguales, y en realidad unos pocos años de diferencia en las fechas de nacimiento, unos pocos kilómetros más entre ciertas casas, la elección de una universidad en vez de otra, la circunstancia accidental de que surja o no un tema en un determinado encuentro, cualquiera de estas casualidades podría habernos mantenido separados".[16] Yo lo tengo muy claro: las casualidades no existen. Lo que nos pasa en la vida no es casual

---

[16] Lewis, C.S. Ob. Cit.

sino *causal:* la causalidad es la relación que se establece entre causa y efecto, entre acontecimientos: yo hago algo y por eso sucede otra cosa. Y aunque Tertuliano afirme que *"El alma es por naturaleza amigable"*[17], eso no quiere decir que la amistad sea cosa del azar: debo dar pasos concretos para que suceda.

Por eso permítame, amable lector, hacer una digresión de tipo sobrenatural: si sé que en el plan de Dios está trazada mi felicidad, si hay incluidos en ese plan asuntos tan importantes como la mujer con la que pasaré el resto de mi vida, porque el matrimonio es un asunto vocacional, una llamada de Dios... me parece que podríamos decir que también la amistad está incluida en esa providencia divina: es Dios quien piensa en cada pareja de amigos, ese compa está en el plan para mi vida, Dios lo ha puesto en mi camino. ¡Esto es mucho más de lo que podíamos haber pensado sobre el tema de la amistad! No es cualquier cosa...

Por tanto, me voy a tomar en serio a las personas que pasan a mi lado, sobre todo, aquellos compañeros con los que comparto trabajo, equipo en la maestría, entrenamiento de crossfit, o cualquier afición. Les pondré atención, que no sean uno más... Miraré con ojos nuevos e interés a los demás. Si es

---

[17] Tertuliano. (siglo III d.C.) *Sobre el alma.*

el amigo de mi vida, el tiempo y mi interés lo dirá… y si no, algún bien habré hecho a los que cruzan por mi camino.

2

Cáeme bien…

En algún lugar leí que para caer bien a una persona tienes que hacer muchas cosas y para caer mal no tienes que hacer nada.

Puede suceder que a alguien de entrada le caiga mal. Tal vez algún aspecto físico o de mi personalidad, la sonrisa, la manera de gesticular puede hacer que alguien recuerde a alguna otra persona con la que ha tenido una mala experiencia y me identifique con ella. En este caso le caeré mal, aunque no tenga culpa de eso porque esa antipatía está basada en las emociones de la otra persona, en sus experiencias y recuerdos negativos y, por lo tanto, completamente ajenos a mí.

Aunque hay gente que parece que se empeña en caer mal desde la primera impresión: hay algunos que de buenas a primeras empiezan a contar su vida privada o sus problemas sin percatarse de que no es el lugar indicado para eso. También están aquellas que tienen el vicio de encontrarle lo malo a todo o que constantemente hablan mal de terceras personas; están las que sólo hablan de sí mismas o las que hablan todo el tiempo sin dejar hablar a los demás. Nadie consigue dar una primera buena impresión con alguna de estas características, y la verdad, es bien difícil que sean simpáticas excepto que haya algo más que consiga eclipsar esa falta de carácter que demuestran. Porque, seamos sinceros, ¿quién no tiene el deseo de caer bien, de ser bien recibido, de ser simpático?

Ahora, la simpatía no tiene nada que ver con concursos de belleza y películas noventeras, tampoco con payasos y demás entretenimientos infantiles, no es esa simpatía de la que estoy hablando, simpatía es, según la RAE, *"el modo de ser de una persona que la hace atractiva o agradable a las demás"*, y, por lo tanto, que deriva en una *"inclinación afectiva entre personas, generalmente espontánea y mutua"*.

Una persona que es simpática cae bien así nomás, buenas a primeras, tal vez sin esforzarse, porque es un modo de ser, un asunto de personalidad, no puede ser actuado, ha de ser un comportamiento auténtico. Es lo que todos dicen de Migue, un gran amigo que desde hace años vive en Indonesia: todo aquel que interactúa con él se siente a gusto porque es simpático, sabe escuchar, sabe reírse de tus chistes (gran cualidad, ¡eh!), tiene siempre algo de qué hablar, sabe hacer cumplidos… Así cualquier cae bien.

Por eso te plantearía: si vas a caer bien, que sea por tu forma de ser, porque proyectas lo que eres, no lo que aparentas. Es lo que dicen que recomendaba Oscar Wilde: *"Sé tú mismo, los demás puestos están ocupados"*.

La personalidad se compone de dos elementos: el temperamento, que es heredado, aquello en lo que me parezco a mis papás y que mamá hace notar con su típica frase: *"¡igualito a tu padre!"*; y el carácter, que sí admite mejora. Y aquí está la clave: no tendría que ser una preocupación ser simpático, PERO todo el esfuerzo que haga por mejorar mi carácter logrará que yo me encuentre más a gusto conmigo mismo, me caiga bien, me sienta mejor… y sea más agradable a los demás.

Entonces, ¿qué puedo mejorar? He aquí 4 ideas que recomienda Raquel Muñoz Jorge[18] y que puedes poner en práctica:

Para ser simpático **escucha e interésate por la situación de tu interlocutor (1)**. A todos nos gusta que nos pongan atención, ser, hasta cierto punto, el protagonista de la conversación. Haz esto mismo con los demás: interésate por su

---

[18] Lamentablemente, leí su artículo, tomé notas, pero no tuve el cuidado de guardar el dato de la fuente. Si por casualidad llegas a leer este libro, perdóname Raquel por no darte el crédito que mereces.

vida, sigue su conversación, haz preguntas que animen a explayarse, y no solo como estrategia para ganar amigos sino para abrir tu conocimiento: escuchar a los demás te hace más sabio, más empático y más comprensivo. ¿Y quién no quiere poseer esas características?

"En lugar de comenzar a dar opiniones o consejos, hay que asegurarse de haber escuchado todo lo que el otro necesita decir. Esto implica hacer un silencio interior para escuchar sin ruidos en el corazón o en la mente: despojarse de toda prisa, dejar a un lado las propias necesidades y urgencias, hacer espacio".[19] Es el inicio del arte de saber conversar. No es volverte entrevistador y menos interrogar al otro, si no demostrar un gusto genuino por la persona y la historia del otro. Cuidado con ciertas preguntas: el primer diálogo no será de ninguna manera profundo… hay que ganar en confianza, pero eso se da con el tiempo. La intimidad es una puerta que se abre hacia afuera.

Otra característica siempre deseable en alguien que uno apenas va conociendo es que **no critique a los demás y no se queje (2)**, pienso en que tal vez estoy en la cola del banco o esperando en la caja del supermercado y me quejo del calor, del

---

[19] Francisco. (2016). *Amoris laetitia.*

gobierno, del coronavirus, de lo que sea… sin duda me encontraré con un punto de coincidencia pues de seguro ambos estemos sufriendo lo mismo, pero hablar de lo malo nunca es la mejor conversación inicial.

Peor tantito hablar con prejuicios de los demás, y por supuesto, menos aún sobre el que tengo enfrente; hablar de los que tienen sobre peso, de los *millennials* o de los extranjeros, de los foráneos, de los que se peinan de lado... Hay que ser cuidadosos porque si alguien se siente aludido, es un hecho que has empezado muy mal. Es una cuestión de respeto y sentido común.

Siempre es agradable **tener una actitud positiva y saber hacer cumplidos (3).** En el otro extremo está el que le encuentra el "pero" a cualquier situación… y es que hay gente así: dices algo bueno y –*Sí, sí, pero…* Y logran echar a perder la conversación. No debo ser uno de esos. Nunca he escuchado a nadie que diga: *"qué bueno que le encuentras lo negativo a lo que digo… ahora me siento más realista".* Evidentemente no, nadie, porque si hubiera que buscar una excusa para dar la nota negativa sería esa: *"soy realista…"* ¡No, gracias! No en la primera conversación. Ya pondremos los puntos sobre las íes, pero no en una primera conversación.

Cómo se agradece, en cambio, al que refuerza el comentario que hago, o el que sabe decir cumplidos, halagos que vienen a cuento... el que te dice —*"¡Qué interesante!" "Ah, ¡sí es cierto!" "¡Estoy totalmente de acuerdo contigo!"* Siempre cae bien un refuerzo a la conversación. Pero tampoco pasarse porque se nota cuando hay exageración e hipocresía. Ya lo habíamos dicho: naturalidad. Además, hacer el esfuerzo por escuchar, también me dará la posibilidad de encontrar lo positivo en lo que el otro me cuenta. Si estoy atento en escuchar lo que dijo alguien más, seguro voy a encontrar algo que valga la pena.

Y por supuesto: sonreír... La sonrisa lo cambia todo, una persona que sonríe es una persona simpática, agradable, atractiva incluso hace un poco más atractivo al que no es precisamente agraciado... la sonrisa ayuda.

La cuarta característica de las personas simpáticas es que **valoran opiniones, aceptan consejos y reconocen los propios errores (1).** He de mostrarme sencillo y no dar la impresión de que yo me las sé todas, que yo lo puedo todo o que tengo el mayor conocimiento. Cuando alguien me dice algo vale la pena darle su lugar ya que podría tener algo de razón. Ceder se vale sobre todo al principio de la amistad. También aceptar los consejos. Cuando alguien me haga una sugerencia por lo menos decir: —*"Buena apreciación, muchas gracias."* Cualquiera agradece que su punto de vista sea valorado, tan fácil como decir: *"¡Claro, tiene sentido!"*, *"No lo había pensado así, pero tienes razón"*. A algunos, desde el primer momento les gusta aconsejar, y aunque sea un poco impertinente, a mí no me hará daño escucharle y agradecerle.

Y si la regué, por supuesto reconocerlo, porque si he hecho algo mal y no lo reconozco en ese momento habré quedado tachado. Entonces, decirlo inmediatamente, mi humildad me hará ganar en humanidad y afabilidad, lo que redundará en una mejor y más cálida imagen.

Añado una más: **el sentido del humor**. La felicidad se asocia a llevarse bien con uno mismo y con el entorno, para ello importa sobre todo el sentido de la vida y las relaciones con los demás, si uno puede reírse de los impedimentos para ser feliz es que los puede superar. ¡Cómo se agradece la puntada atinada, el chistorín simpático, la broma amable!… Saber reírse y hacer reír es de lo que más ayuda a aceptar una relación. Una persona que sabe reírse incluso de sus defectos es alguien que necesariamente cae bien, ¿o no te has reído con el gordito que habla de sus propias dimensiones, o del despistado que celebra su falta de atención? El buen humor empieza por uno mismo.

Es curioso que el mismo Tomás Moro la incluye entre sus bienaventuranzas: *"Bienaventurados los que saben reírse de sí mismos, porque nunca dejarán de divertirse".* Y yo agregaría que siempre caerán bien. Una persona con buen humor es siempre agradable, como lo es Gaby que a donde va mejora el ambiente en el que se mueve. Su casa es el lugar de reunión de muchos matrimonios de amigos porque ella y su familia han logrado ser un referente de amabilidad y hospitalidad. Y es que sea como sea, la risa y el buen humor, son una muy buena carta de presentación.

Incluso hay estudios que afirman que las personas que contrarrestan el estrés con el humor tienen un sistema inmunológico sano, sufren menos de infartos, de dolor en los tratamientos dentales y viven más que el promedio. Vamos, no está mal, y es porque la risa relaja la tensión al segregar adrenalina, en cambio los pensamientos negativos producen agotamiento y perjudican al organismo.

Seguro que encuentras algo a mejorar en estas ideas. Vale la pena pensarlo y proponerse al menos un punto en el cual esforzarse. Pero recuerda: si encuentras a una persona a la que no le caes bien, tampoco es el fin del mundo, no podemos caerle bien a todos, aunque seamos personas increíbles y nos comportemos como tales, siempre habrá alguien que le encuentre algún "pero" a nuestra manera de ser y de actuar. Lo mejor en estos casos es aceptarlo y vivir con ello, no pasa nada. Hay que quitarle importancia al *qué dirán*, no podemos ser moneda que guste a todos, eso es no tener los pies en la tierra. No buscar la aprobación de los demás, soy yo el que se aprueba o se reprueba, no los que me rodean.

Para finalizar esta reflexión sobre la simpatía, no me vendría mal preguntar a la gente que tengo cerca si en algo ven que puedo mejorar, un buen amigo seguro que me hablará con claridad, pero con cariño y así estaré en camino de ser alguien más agradable y con más posibilidades de tener amigos.

3

¡Wow, ¿tú también?!

Qué alegría da encontrarse a alguien con quien estoy de acuerdo en lo que más me interesa, en lo que es realmente importante para mí. Es la emoción que produce escuchar de otro lo mismo que llevo dentro, pero con otras palabras… una pieza del rompecabezas queda perfectamente embonada, surge una sorpresa interior que se traduce en una sonrisa y suele ser seguida de alguna de estas expresiones:

- *¿En serio? ¡Justo eso es lo que quería decir, estamos hablando el mismo idioma!*
- *¡Wow tienes razón, pienso exactamente igual!*
- *¡Eso! ¡Sí, precisamente eso es lo que traigo en mente!*

Tengo entonces la sensación de haber encontrado a alguien que comprende perfectamente mi manera de pensar. Alguien cuyas palabras concuerdan con mis ideales, mis intereses y planteamientos. Alguien más me confirma que estoy en lo correcto, y eso me levanta la moral, me hincha el pecho y me da confianza.

Sucede con cualquier tema: política, deportes, economía, ética, negocios, religión, pasatiempos, familia, salud… qué sé yo. ¡Seguro que tú también has vivido eso! Seguro que te has encontrado con alguien que dices "este podría ser alma gemela, este podría ser mi hermano perdido".

Obviamente, quisiera revivir esa emoción en más ocasiones, y encontrar a más personas que opinen igual que yo. La receta está en dos ideas: hablar menos y escuchar más. Hablar lo esencial y esperar para encontrar lo que de él coincide conmigo.

¿Y si ando en plan ermitaño y *contreras* queriendo saber cómo **no lograrlo**, cómo echar a perder ese sentimiento de afinidad objetiva y, por tanto, abortar de manera espontánea el inicio de una amistad? Aquí está la receta y es muy fácil: hablar, hablar, hablar, no permitir que me roben la palabra. Tengo muchas cosas interesantes qué decir, sé mucho y los demás tienen el derecho de enterarse. Seré siempre quien lleve la voz cantante, permitiré que los demás digan algo solo cuando yo esté cansado, o cuando les dé permiso… Luego, que vean que soy el mejor en todo, que tengo mucha experiencia, que ya he pasado por todas las posibles situaciones, que yo conozco a Fulano, también a Mengano e incluso, a Zutano (aunque solo de oídas, pero no hace falta explicarlo). ¡Yo soy el más popular de todos, que lo sepan!

Demostraré que nadie sabe lo que yo sé y, por lo eso mismo, interrumpiré constantemente, mostraré mi punto de vista, seguro el bato de enfrente está deseoso de saberlo, que no haya tema en el que yo no participe. Y si no sé algo, inventaré: nunca hay que demostrar ignorancia, eso queda muy mal.

Eso sí, muy importante: que nadie me vea la cara, hay cierto tipo de personas que ya sé cómo son. Hay algunos que hay que mirar para abajo: no hay nada que me puedan enseñarme. Hay otros que son muy tímidos: no haré ni el intento por conocerlos. Ya me ha pasado que los *norteños* son muy *silvestres* y los *de la ciudad* muy hipócritas; que los *regios* son codos y que los *chilangos* son creídos, igual que los españoles y más aún los argentinos… que los mayores siempre están en otra época y los menores son inmaduros; no me esforzaré por cambiar de opinión… mis prejuicios son válidos.

Seré suspicaz, aunque no tenga muchos elementos, hay que saber que la gente siempre tiene dobles intenciones, o que muestra una máscara y oculta su verdadera cara… Tendré cuidado con los demás, hay que dudar de su actuar, quién sabe qué se pueden estar proponiendo, no todo el mundo es bueno, nadie es inocente hasta que lo demuestra... Por eso hay que desconfiar de todos. Uffff... solo de pensar en ponerme en la piel de alguien como el que he descrito antes quedé agotado.

Por el contrario, si lo que quisiera es disfrutar de la sorpresa de encontrar a alguien que piense como yo, con el que coincida en lo que juzgo como más importante, lo que conocemos como afinidad objetiva; o si tal vez quisiera lograr conectar con otra persona hasta el punto de sentir lo mismo que está sintiendo y experimentar un eco de la alegría o la tristeza que esté viviendo, lo que bautizó Daniel Goleman como empatía emocional[20]; si tengo la ilusión de coincidir con alguien en forma de pensar o de sentir, ese otro es tal vez el alma gemela que andaba buscando sin saber.

Para alcanzarlo es necesario saber escuchar, tremenda virtud. Poniendo atención se consigue que el que habla se sienta con más confianza, se explaye y abra su intimidad; pero exige la disposición de guardar silencio y permitir que el otro cuente las cosas a su manera. Arnulfo, un buen amigo desde hace muchos años y quien durante muchos episodios editó el podcast de "El menos común de los sentidos", es así: alguien que sabe poner toda su atención en los demás. Con él te sientes escuchado y

---

[20] Goleman, D. (1995). *Inteligencia Emocional*. Kairos.

comprendido. Tiene la virtud de ser muy empático y de lograr "jalarte de la lengua" para que con toda confianza hables de lo que necesites.

Porque solo escuchando con atención puedo darme cuenta de que una persona tiene algo que le hace sufrir o algo que le ilusiona igual que a mí. Por eso, necesito aprender a escuchar y animar a los demás a hablar de ellos mismos. Es muy importante que dedique una atención exclusiva a quien me habla: no hay nada que haga sentir más importante a la gente.

Dicen por ahí que es más fácil hacerse amigo de alguien en dos horas mostrando interés por él, que en dos meses intentando que se interese por mí.

Si me doy cuenta que ese interés tan mío también lo tiene el otro, he de hablar sobre aquello que nos une, pero, sobre todo, permitir que él cuente su parte, así podré sondear si en realidad coincidimos en eso que me es tan importante. Para eso, haré preguntas que el otro disfrute contestando. Le animaré a hablar de sí mismo y de sus logros, así, además de buen conversador, me empezará a considerar como un buen amigo.

Y entonces, aparecerá el asombro, esa facultad para sorprenderme ante lo nuevo y aprender de ello. Porque el asombro es el primer paso hacia la contemplación, o sea, para mirar aquello que es más profundo. Muchas veces no llego al asombro porque voy por la vida ensimismado, solo atento a mis problemas, a mis preocupaciones; o con prisa, viviendo la inmediatez que no me permite poner atención a los detalles del día a día.

En resumen, si quiero encontrar a personas que piensen como yo: he de escuchar y dejarme asombrar, y entonces veré cómo sale un montón de gente que coincide conmigo en muchas cosas y tendré el inicio de una posible amistad.

4

El tiempo dedicado a la rosa

"Más vale perder el tiempo con un amigo que perder a un amigo con el tiempo" dice una frase popular. A los amigos hay que dedicarles tiempo, platicar, hacer algún plan, compartir un deporte o un hobby, hablar de sus cosas y de las mías, estar presentes en las fechas importantes y en los momentos duros. Estar ahí cuando hace falta y también cuando no. *"La amistad se hace de confidencias y se deshace con indiscreciones. Y se diluye por no verse, por no llamarse, por no cuidarla. Es un órgano vivo"*[21].

Sí, es cierto, constantemente hago planes con mis amigos: vamos juntos al crossfit, hacemos una carne asada, nos echamos un tinto argentino o un partido de pádel.... Evidentemente no están mal esos planes, son necesarios para mantener el trato, solo que en la mayoría de las ocasiones hablamos de puras bobadas... pero el amigo necesita tiempo de calidad. Casi siempre la excusa que pongo es que no tengo

---

[21] Rojas, E. (3 de junio de 2009). *"Felicidad es tener salud y mala memoria"*. Recuperado de https://www.elperiodico.com/es/opinion/20090603/enrique-rojas-felicidad-salud-mala-125411

tiempo, ¿cómo voy a dedicarle tiempo exclusivo a cada uno de mis compas?

A lo largo de la vida voy conociendo a muchas personas, pero en algún momento es saludable establecer un orden de prioridades para dedicar tiempo a aquellas con las que de verdad quiero estar.

Algo que sin *querer queriendo* me ha servido es que, por alguna razón que no tengo clara, nunca borro las conversaciones que tengo con mis amigos por WhatsApp, ahí está todo. Entonces, a ratos me pongo a revisar con quiénes ha pasado algo de tiempo sin ponerme en contacto, y les escribo. Pero, en cambio, si veo que hay algunos a los que fácilmente tengo más de un año sin enviar un mensaje, si ni siquiera los felicité por su cumpleaños, bien podría eliminar esos contactos… Porque si hay algún "amigo" a quien no le he hablado en, por decir algo, seis meses, evidentemente no es alguien que me importe mucho. Si no le he hablado en tanto tiempo es porque en realidad no me interesa hacerlo. *"Las zarzas cubren el camino de la amistad cuando no se transita con frecuencia"*.[22]

[22] Ugarte Corcuera, F. (2014). *El arte de la amistad*. Rialp.

Ese tiempo de calidad tiene que ver con estar disponible solo para el amigo, es ahí donde se pueden hacer las confidencias, donde me explayo, donde puedo abrir el alma, donde surgen las verdaderas convicciones... y donde permito que el amigo me retribuya haciendo su parte: escuchando y mostrando también lo que lleva por dentro.

Eso no tiene nada que ver con estar *encima* de él, enchinchando, en plan ladilla, hablando cada 5 minutos, queriendo una exclusividad enfermiza... nada más lejos de la verdadera amistad que la envidia o los celos. Ahí no habría amistad sino codependencia, una relación poco sana donde uno de los dos siente que tiene que "cumplir" o quedar bien. Insisto, eso no es amistad. Lo correcto sería una cercanía con la suficiente confianza para que el amigo pueda decir *"bueno, ya me tengo que ir"* y yo no me sienta ofendido porque entiendo que cada quien requiere su espacio, que esa necesidad de soledad o de *"Susana distancia"* no es el fin de la amistad. Ya decía Erasmo de Rotterdam que *"La verdadera amistad llega cuando el silencio entre dos parece ameno"*. Y es que con el amigo a veces basta con estar, simplemente estar y demostrar que uno está disponible.

Me parece que, además, hay una especie de prejuicio en la relación de amistad entre dos hombres, lo aborda muy bien

Patrick Coffin en un podcast titulado *"The Crisis of Male Friendships"*[23] donde explica que actualmente si buscas libros sobre amistad están escritos por mujeres para mujeres, que los amigos varones estamos muy a gusto haciendo cosas juntos: viendo un partido de fut en la tele o jugando videojuegos, o haciendo un asado, pero que nos cuesta entablar diálogo sobre cosas importantes... Es más, hay quien dice que ni siquiera deberíamos hablar de temas personales, porque no se supone que los hombres debemos tener sentimientos y si los tuviera, no le hablaría de ello a mi compa, se lo contaría a mi novia o a mi mamá. Pero en la historia conocemos muchos casos de amistad profunda entre hombres, incluso han quedado registrados por escrito como la de Agustín de Hipona con su amigo Alipio que dejó constancia en las Confesiones. Es especialmente conmovedor lo que escribe sobre el dolor cuando muere su amigo...[24] una amistad verdadera. Y eso no solo existió en el siglo IV pues sucede actualmente.

El poeta libanés Khalil Gibran lo tenía muy claro desde hace 100 años: *"No busques amigos para perder el tiempo, mejor busca tiempo para disfrutar con el amigo".* En ese

---

[23] Coffin, P. (2020). *The Crisis of Male Friendships.* Recuperado el 12 de diciembre de 2022, de https://www.patrickcoffin.media/the-crisis-of-male-friendships/

[24] San Agustín. (397 d.C.). *Confesiones.*

compartir tiempo saldrá la oportunidad de hablar de lo importante, de conocer a fondo al amigo. Porque no puede haber amor, cariño, afecto si no conozco al amigo. Que sepa a profundidad las cosas del otro es la base fundamental de la amistad.

Ed Cunningham, ex jugador de futbol americano tiene tremenda frase: *"El amigo es ese ser extraño que te pregunta cómo estás y se espera para escuchar la contestación"*. ¡Demoledora! Además, ¡es real! La típica conversación entre dos compas inicia así:

- *Hey, ¿cómo estás?*

- *Bien, gracias, ¿y tú?*

- *Muy bien también.*

…Y terminamos hablando de cualquier otra cosa.

En cambio, lo que experimento cada vez que hablo con mi amigo Felipe es que si pregunta *"¿Cómo estás?"*, sé que un *"Bien"* por respuesta no le será suficiente, si me limito a contestar con ese monosílabo, inmediatamente me preguntará *"¿y qué más?"*. A Felipe (como a todo buen amigo) no le interesa la situación superficial, le intereso yo, por eso siempre pregunta más.

Si mi amigo me cuenta algo importante: le preocupa un trabajo, o la enfermedad de su mamá o lo que sea, lo lógico es que sea empático con su situación y luego, a la primera oportunidad, le pregunte cómo va el asunto o en qué puedo ayudarle. Del amigo ninguna situación puede serme indiferente. Por supuesto nunca se me escapará su cumpleaños, su aniversario, o algún evento que sé que para él es importante. ¡Esto es lo básico!

Y más aún si está lejos, necesito estar más pendiente de mi amigo si es que quiero mantener la amistad, eso implica que haga más esfuerzo por continuar esa relación.

Por eso he de preguntarme en serio: ¿Conozco bien, a profundidad a mis amigos? ¿Sé, por ejemplo, cuál es su película favorita o la canción que más le gusta? ¿Sé cómo se llaman sus papás o cómo están de salud? Hay cosas básicas que debo conocer de mis amigos y algunas que no lo son tanto pero que me dan una buena información para luego tenerlo presente cuando surge la ocasión, o para tener un detalle con él, o para llamarle porque hay algo que encontré que le gustaría conocer... Como conozco muy bien a mi amigo habrá muchas cosas que me recuerden a él y por lo tanto que me hacen volver a él.

Si *googleo* "preguntas para hacer a los amigos" encontraré un montón de opciones muy interesantes, y es que a veces mis relaciones de amistad son muy superficiales y no tengo de qué hablar con mis amigos porque no me propongo interesarme más por su vida y sus gustos.

El conocimiento de cada persona me llevará a darme cuenta de que, de alguna manera, mi forma de ser se debe amoldar a la del amigo porque cada uno necesita algo distinto. Eso no quiere decir que pretenda imitarlo, mimetizarme, no busco pertenecer sino comprender que cada amigo es especial, y la cercanía con el amigo me hará acomodarme a sus necesidades, pero sin perder mi esencia, seguiré siendo coherente con mi forma de ser, sin tampoco pretender que él sea a mi manera. Como me pasa con Javier que desde que se fue a vivir a Phoenix y le entró la onda de desconectarse de WhatsApp, si quiero hablar con él debo hacerle una llamada o enviarle un SMS... Literalmente, solo la tarjeta de crédito y Javi se comunican conmigo por ese medio *arcaico*. Y es que *"la amistad verdadera supone también un esfuerzo por comprender las convicciones de nuestros amigos, aunque no lleguemos a compartirlas, ni a aceptarlas"*[25].

---

[25] Escrivá de Balaguer, J. (1962). *Surco*.

Si quiero de verdad tener amigos, tendré que ir a buscarlos, esperar a que llegue alguien y me diga "Hey, ¿quieres que sea tu *best friend forever?*" No parece la opción más viable. Aunque, siendo muy honestos, si pongo a un grupo de hombres en una sala a platicar de cosas personales… habrá un silencio absoluto. Pero todos necesitamos a alguien con quién desahogar nuestros problemas, sentimientos o ilusiones, por eso necesito dar el primer paso para buscar amigos.

En el mismo *show* de Patrick Coffin al que me refería antes, se lanzaban estas preguntas: "¿Quiénes son las 5 personas con las que más convives fuera de tu familia? ¿Son esos personajes tus amigos? ¿Son de verdad amigos?" Porque es un hecho que, si no paso tiempo con aquellos que considero mis amigos, estoy desperdiciando mi vida en algo más que seguro es menos importante, ¿y hay algo mejor que demostrar cariño a quien sé que me quiere? Y tal como le explica el zorro al Principito "El tiempo que has dedicado a tu rosa es lo que la hace tan importante".[26]

---

[26] Saint-Exupéry, A. (1951). *El Principito.*

5

Hablando "en borrador"

- ¿Qué significa "domesticar"? – preguntó el Principito
- Es algo demasiado olvidado – dijo el zorro. – Significa "crear
lazos..."[27]

Este es uno de los diálogos más entrañables que hay en el libro
porque justo aquí el zorro descubre al Principito la parte más
importante de la amistad y de cualquier relación: domesticar.
Cualquiera entiende que se requiere adiestrar a un animal para
que no sea salvaje y se le pueda tratar, pero la palabra
domesticar tiene una raíz aún más interesante, proviene de
domus, que quiere decir "casa", por lo tanto, domesticar es
hacer "de la casa", hacerlo de la familia.

No se entabla amistad con cualquiera, uno no hace de
la "familia elegida" al primer fulano que se encuentra, porque
los amigos son la familia que yo he escogido, y no se entrega la
confianza al primero que pasa y me cae bien: es importante
elegir bien a los amigos. Solo muestro lo que llevo dentro de mí
a quien sé que lo va a valorar: *"La puerta de la intimidad se abre*
desde dentro, no se consigue abrir a patadas desde fuera. Y el

---

[27] Saint-Exupéry, A. (1951). *El Principito.*

password es 'confianza'. El amigo verdadero es otro yo, cuando hablo con él es como si hablara conmigo mismo, conoce tanto mi intimidad porque ha ganado mi confianza".[28]

Yo no puedo obligar a nadie a que confíe en mí, ni esperar que me cuente su vida así por así, es algo que se gana. Se requiere tiempo, paciencia, muchas horas de convivencia y también de demostrar que soy una persona honesta con los hechos no solo con las palabras, o en todo caso, demostrar con acciones lo que prometo que haré. Hay gente que cae bien y genera confianza de manera inmediata, pero esos son casos muy aislados, lo usual es que haya mucho tiempo de conocerse para lograr esa confianza.

En el proceso de conocer a alguien y darme cuenta de sus muchas virtudes, también encuentro a otro yo al que puedo compartir mi intimidad. Este es justo el momento en el que verdaderamente inicia la amistad: el de la confidencia, el de poner las cartas sobre la mesa, mostrando poco a poco todo lo mío.

Al amigo le cuento todo, no tengo vergüenzas. Le cuento lo del día a día y mis preocupaciones; le cuento mis

---

[28] Corominas, F., & Alcázar Cano, J. A. (2014). *Virtudes humanas*. Palabra.

dudas y mis errores; le pido consejos y le comparto mis miedos... Me muestro tal cual soy... *"La amistad íntima es como la curación de todos los males. Es como tener un psiquiatra a mano, para contarle las penas y alegrías, las dudas"*[29].

Al amigo puedo decir lo que sea y con toda confianza, es como si pensara en voz alta, sin juicios inmediatos, sin detener el razonamiento, porque al amigo de todos modos le interesa, y seguramente eso generará diálogo, preguntas, y tal vez un consejo. Y si es una estupidez, o si estoy exagerando o me estoy haciendo bolas con algo que no tiene caso, me lo dirá.

"Un amigo es esa persona con la que puedo hablar en borrador: sin orden, sin hilasón, sin sentido, desvariando... porque sé que nunca se aprovecha de ello. Y sabiendo que comprende esas contradicciones que llevarían a otros a juzgarme mal".[30] También Kurt Cobain, el difunto vocalista de Nirvana, lo tenía clarísimo: *"El auténtico amigo es el que sabe todo sobre ti y sigue siendo tu amigo"*... ¡Qué fuerte!, pero es

---

[29] Rojas, E. (3 de junio de 2009). *"Felicidad es tener salud y mala memoria"*. Recuperado de https://www.elperiodico.com/es/opinion/20090603/enrique-rojas-felicidad-salud-mala-125411

[30] Romero Iribas, A. M. Ob. Cit.

verdad: mis amigos conocen cosas muy desagradables de mi vida y aun así me quieren.

Con mis amigos puedo ser natural, sencillo, tal como soy, no tengo vergüenza ni reparos para dar mi opinión, para quejarme o alabar a una persona u otra y denostar a ese o aquel... y llegar a confesar que *"no sé preparar café y no entiendo de fútbol. Juego mal hasta el parqué y jamás uso reloj... Nunca duermo antes de las 10, ni me baño los domingos. La verdad es que también lloro una vez al mes, sobre todo cuando hay frío... ya debes saber, me conoces bien"*.[31] Con los amigos de verdad me siento en total confianza para mostrar lo más mío, lo que no contaría a nadie más.

Lo explica Michael Phelps sobre Robert Bowman, su entrenador y amigo: *"Cuando Bob y yo tenemos nuestras peores discusiones, realmente intensas, serias, del tipo 'cómo puedes llegar a ser tan tonto', se olvidan al día siguiente, a veces a la siguiente hora, porque ambos sabemos que queremos lo mismo, porque él respeta lo duro que trabajo, porque yo respeto cuánto sabe él y porque ambos nos damos cuenta de cuánto nos necesitamos. Podemos confiar uno en el otro, y no dudamos en usarnos como excusa para descargar nuestras*

---

[31] Shakira. (1998). Inevitable [Canción]. En *¿Dónde están los ladrones?* Sony Music Latin.

emociones. *Es algo que sólo puedes hacer con los amigos cercanos y con la familia"*.[32]

Esa apertura hace que uno se vuelva un verdadero confidente, porque el amigo me contará todo, abrirá su alma y me expondrá lo más personal... Solo yo, que soy su amigo, conoceré bien lo que piensa y lo que siente, si me burlo de sus cosas mi amigo entenderá que no lo tomo en serio, ya no me contará nada y habré roto nuestra amistad, o por lo menos, habré rebajado las posibilidades de ser completamente sincero. *"Se trata de escuchar al otro que se nos está dando él mismo en sus palabras. El signo de esta escucha es el tiempo que le dedico al otro. No es cuestión de cantidad sino de que el otro sienta que mi tiempo es suyo: el que él necesita para expresarme lo que quiera. Él debe sentir que lo escucho incondicionalmente, sin ofenderme, sin escandalizarme, sin molestarme, sin cansarme"*.[33]

Al confiar me vuelvo vulnerable: estoy mostrando lo más íntimo. Aquel en quien pongo mi confianza podría burlarse, podría no entenderme, podría malinterpretar mis palabras, podría importarle poco lo que le digo; incluso podría

---

[32] Phelps, M. (2012). *Bajo la superficie*. Patria.

[33] Francisco. (2019). *Christus vivit*.

traicionarme... Y esa vulnerabilidad es parte del riesgo de confiar, pero un riesgo que hay que correr. Si no lo hiciera no tendría a nadie a quien acudir. Por eso mismo debo elegir muy bien quién será el digno de confianza.

Aunque tampoco hay que perder de vista que la amistad no exige una renuncia completa a la intimidad, hay grados de amistad y momentos concretos para mostrar el alma. Yo decido a quién le cuento qué, cómo y cuándo, el amigo no puede nunca exigir que el otro desnude su interior, eso sería una transgresión de la intimidad y pondría en duda la rectitud de intención del "amigo". Debo ser cuidadoso, saber que debo descalzarme y poner atención a dónde van mis pies pues estoy pisando *tierra santa*[34]. Y ser muy consciente de que la intimidad del otro es sagrada y que nunca puedo exigir que me cuente algo, debo dar tiempo y confianza, e incluso aceptar que no quiera revelarme algo suyo. Pero puedo hacerlo porque, como Cicerón, comprendo que mi amigo será siempre *fidus, constans, gravis* (fiel, constante y seguro)[35] y eso me da una total tranquilidad.

También es cierto que esas confidencias tienen sus límites: hay cosas que es mejor no contar, por el bien de mi

---

[34] cfr. Éxodo 3,5.

[35] cfr. Cicerón (44 a.C.). *De Officiis.*

amigo o por el bien de otros… Por ejemplo, no tengo necesidad de contarle mis pecados, mis errores más feos, además de que no me hará mucha gracia compartirlos, y tal vez no sea lo mejor para él. Entonces, por cariño no se lo cuento… no le ayudará. Tal vez hasta le doy malas ideas…

Por otro lado, lo que un amigo me ha contado no puedo decírselo a otro, aunque también sea amigo suyo. Esa verdad no me pertenece, por lo tanto, no puedo compartirla. Es como si alguien me diera a guardar un dinero, yo no puedo regalarlo a alguien más, no es mío, no puedo darlo…

Si llego a merecer (probablemente, de forma inmerecida) la confianza del amigo, si me abre la ventana de su intimidad y muestra sus sentimientos, pensamientos, temores, ilusiones, incluso estupideces más grandes o más pequeñas, mi respuesta debe ser gratitud y asombro: agradecer que confía en mí, y admirar la valentía que tiene para mostrar algo tan suyo. ¡Cuántas veces es a mí a quien que le hace falta esa valentía para ser franco o para pedir ayuda!

Por cierto, ni siquiera necesitaré que me avise que no debo contar nada: cualquier confidencia que me hace un amigo es para mí *secreto de estado*. Si intercambiamos posiciones, si me pongo en su lugar, de seguro juzgaría de la misma manera: no querría que él contara algo que yo le he platicado.

Dos ideas más: los amigos se ayudan y buscan juntos el bien. Por más confianza que haya, o precisamente porque la hay, *"un buen amigo nunca pide nada deshonesto o poco recto, y no es cómplice de nuestros defectos. Por eso, no me puedo enojar con un amigo porque se niegue, por ejemplo, a robar conmigo los exámenes de la universidad; es más, si soy su amigo de verdad, sé que lo puedo poner en un compromiso (el de elegir entre su conciencia y mi amistad) y, por tanto, si quiero robar… no le pediré que colabore".*[36] Los amigos no nos llevamos a hacer cosas que están mal… La confianza hace amistad no complicidad.

Por último, nunca puedo forzar la confianza, insistir excesivamente, *"¡ándale, cuéntame!"* Considero que en la amistad yo debo confiar siempre, pero, en sentido contrario, he de ganarme la franqueza del otro, demostrar que soy digno de confianza. Y si no me quiere decir por algo será.

Habrá algún amigo que necesitará que le insista un poquito porque sé que le cuesta trabajo ese tema de la confianza

---

[36] Romero Iribas, A. M. Ob. Cit.

y habrá que demostrarle que tal vez soy la persona indicada para que se desahogue y entonces le podré ayudar. Pero esa reiteración se debe al conocimiento que tengo de mi amigo, a lo que hemos vivido juntos, a que seguramente no será la primera vez que me abre su alma. Pero, de ordinario, no debo insistir: si no me lo quiere decir será porque yo no he dado muestras suficientes de ser la persona digna para que me cuente sus secretos.

Me parece que es un buen ejercicio hacer un examen personal: ¿Cuántas amigos me platican lo que les pasa? ¿Cuántos tienen la confianza para contarme lo que realmente les preocupa? ¿Cuántos me buscan para pedir un consejo? ¿Cuántos parece que me consideran una persona digna de confiar? Al contestar con honestidad estas preguntas me podré dar cuenta de si estoy haciendo las cosas bien o hay áreas de mejora importantes a trabajar.

Aunque, como siempre, tendría que empezar por mí mismo: y yo, ¿a quién le cuento todo lo que traigo adentro? ¿Tengo la valentía de mostrarme vulnerable? Porque si no empiezo yo es difícil que alguien lo haga conmigo. Tal vez debo empezar a confiar un poco más en los demás, en aquellos que sé que me quieren y por lo tanto me harán una mejor persona.

Solo entonces podré hacer mías las palabras del poeta Beran: *"¿Que es un amigo? Te lo diré. Es una persona con la que te atreves a ser tú mismo. Tu alma puede estar desnuda con él. Parece pedirte que no te pongas nada, sólo que seas lo que eres. Él no quiere que seas mejor ni peor. Cuando estás con él te sientes como se siente un prisionero que ha sido declarado inocente. No tienes que estar en guardia. Puedes decir lo que piensas, siempre y cuando seas tú. Él comprende esas contradicciones en tu naturaleza que llevan a otros a juzgarte mal. Con él respiras libremente. Puedes confesar tus pequeñas vanidades, tus envidias, tus odios y tus deseos más oscuros, tus mezquindades y absurdos, y, al abrirlos a él, se pierden, se disuelven en el océano blanco de su lealtad. Él entiende. No tienes que tener cuidado. Puedes abusar de él, descuidarlo, tolerarlo. Lo mejor de todo es que puedes quedarte quieto con él. No importa, hay cariño. Él es como fuego que purga hasta los huesos. Él entiende. Él entiende. Puedes llorar con él, pecar con él, reír con él, rezar con él. A través de todo, y en el fondo, él te ve, te conoce y te ama. ¿Un amigo? ¿Qué es un amigo? Repito, solo aquel con el que te atrevas a ser tú mismo."*[37]

---

[37] Beran, R. La fuente más antigua es un libro de poemas sin título de 1926.

6

Amor del bueno

Tal vez el mayor gusto que uno puede tener, la mayor alegría, es saber que alguien me quiere. Y a veces el extra es que quien me quiere es precisamente la persona a la que yo también quiero. Querer y que me quieran.

Al pensar en amor, cariño, aprecio, me viene a la mente corazoncitos y cupidos... *"Estoy enamorado, y tu amor me hace grande... estoy enamorado y qué bien, qué bien me hace amarte"*.[38] Puede parecer muy cursi, pero así es el cariño: hace que uno se sienta mejor, que sonría al ver o simplemente al pensar en esa persona a la que quiero, y más aún si ha pasado tiempo sin verle. Y esto se aplica tanto a las relaciones de pareja como a la amistad, ¿o no?

A veces podríamos pensar el cariño como el que hablamos que está reservado a la relación sentimental, pero el amor de amistad es tan fuerte como el de un hombre y una mujer y se demuestra con acciones muy parecidas.

---

[38] Sodi, T. y Capó, P. (2009). Estoy enamorado [Canción]. En *Primera fila*. Sony Music.

Se nota que tengo cariño por alguien cuando tengo interés en su compañía, busco convivir con aquella persona, tenerle cerca. ¿Acaso no es eso lo que hago con mis amigos?: los busco para tomarnos unas cervezas, para contar algo, para desahogar alguna cosa. También se nota el cariño cuando estoy pensando en esa persona pues me acuerdo de ese amigo, lo traigo a la mente y trato de buscarlo.

Cuentan que Alejandro Magno, después de una de sus grandes victorias, reunió a sus generales y empezó a repartir sus territorios. Cuando hubo terminado, uno de ellos le preguntó:
- *Y usted, ¿con qué se queda?*
- *¿Yo? Con mis amigos.*
Alejandro tuvo como mentor a Aristóteles, sabía muy bien que las riquezas no dan la felicidad, en cambio sí la amistad.

A veces podríamos confundir el cariño con algunas manifestaciones que se le parecen pero que distan mucho de tener su esencia. El amor no es codependiente. La codependencia es una condición psicológica en la cual alguien manifiesta una excesiva, y a menudo inapropiada, preocupación por las necesidades de alguien más.

Tampoco es obsesivo: seguro que tienes presente al compa que quiere hacer planes todos los días… te reclama si no te has tardado en contestar un mensaje, o si hiciste alguna actividad con otro amigo y sin invitarle a él… Ya sabes de qué hablo.

"La verdadera amistad es el menos celoso de los amores. Dos amigos se sienten felices cuando se les une un tercero, y tres cuando se les une un cuarto, siempre que el recién llegado esté cualificado para ser un verdadero amigo"[39] A los buenos amigos nos da gusto que el círculo se haga más grande si cada uno es amigo de todos los demás.

La amistad es todo menos envidiosa, más bien al contrario: transforma los sentimientos negativos. El 2 de enero se celebra a San Basilio Magno y a San Gregorio Nacianceno, dos grandes amigos. Uno de ellos dejó escrito: *"Nos movía un mismo deseo de saber, no había envidia, teníamos gran deseo de emulación, cada uno consideraba la gloria del otro como propia"*.

La amistad *"es una inversión sin cálculo y a fondo perdido: un negocio sin intereses. No invertimos en ella para cobrar algo a cambio: tener popularidad, un puesto de trabajo, obtener dinero, sentirme querido por alguien… En la amistad*

---

[39] Lewis, C. S. (1960). *Los cuatro amores.*

de verdad me ocupo de mis amigos sin mirar cuánto hago por
ellos ni calibrar lo que ellos hacen por mí: doy porque quiero
dar, pero no por lo que vaya a recibir. Lo hago porque quiero,
lo hago porque lo quiero. Somos amigos porque somos amigos,
e invierto en ellos lo que haga falta: tiempo, ideas, ganas,
compromiso, confidencias, etc.".[40]

El cariño es inmerecido, es un don, un regalo que uno da sin necesidad de cumplir unos requisitos. Es una decisión libre: yo decido a quien quiero. Puede acompañarlo el sentimiento (y es mejor si lo hace), pero no es solo eso, requiere decidir libremente querer al amigo. Tampoco es una decisión formal, el cariño surge solito, pero sí se proyecta en hechos concretos. *"Obras son amores y no buenas razones"*, dicen por ahí. El afecto se nota, no se queda en la teoría. Necesito hacer cosas concretas para demostrar que quiero a alguien y en la amistad es evidente ya que nadie vive del título de amigo sino de hechos que realiza el amigo para demostrarlo. Por eso el que es un verdadero amigo quiere el bien, quiere lo mejor para el amigo, lo que llamaban los griegos *benevolencia*, y también busca ocasiones para hacerle ese bien al amigo *(beneficencia)*. De hecho, Laín Entralgo sintetiza que para que se dé la amistad

---

[40] Romero Iribas, A. M. (2015). *La innecesaria necesidad de la amistad.* EUNSA.

entre dos personas se tienen que reunir tres actitudes "la benevolencia, la beneficencia y la confidencia"[41].

Demuestro cariño a mi amigo si:

1. Hay cosas que me recuerdan a él y doy señales de vida. Para eso necesito conocerle. Por ejemplo, de mi amigo Lorenzo sé que vivió varios años en Chihuahua, y alguien menciona la ciudad, el estado o un perrito de esa raza, lógico que me acordaré de él y muy probablemente le mandaré un mensaje... tal vez él necesita que yo me haga presente. Me ha pasado varias veces que se me ocurre "de la nada" llamarle a algún amigo y cuando contesta me dice "justo te iba a marcar" o "precisamente me estaba acordando de ti" o "qué bueno que me hablas, necesitaba contarte algo". Pero si no conozco ese detalle, Chihuahua no pasará de ser una palabra rara y difícil de pronunciar, nada más.

2. Pongo interés en lo que me cuenta. Si viene de quien quiero, todo me parece interesante... porque no es tanto el hecho de que sea interesante, es que se trata de algo que dice el amigo, solo por eso ya tiene cierta relevancia. Y es que de verdad me importa, por eso escucho con atención, hago preguntas, y si en otro momento llego a saber algo más del tema, le hablo a mi

---

[41] Laín Entralgo, P. (1972). *Sobre la amistad.* Biblioteca Virtual Miguel de Cervantes.

amigo para contarle. Recuerdo muy bien aquella llamada que le hice a Felipe cuando hice por primera vez el reto del Exodus 90[42], le conté lo que sabía y lo ilusionado que estaba por empezar. No solo se interesó, al par de horas me estaba enviando información que yo desconocía y unos meses después empezó su propio equipo con otros amigos de su ciudad.

3. Le hago partícipe de mis alegrías, mis tristezas, mis ilusiones y desilusiones. Porque él es digno de confianza... con él me desahogo y sé que me escuchará... y también me pondrá en mi lugar si me estoy pasando de la raya o si estoy exagerando en algo.

4. Los amigos son *"las personas a las que no te daría vergüenza pedirles un favor y a las que ayudarías sin pensártelo dos veces. Los verdaderos amigos son la clase de personas con las que te gustaría pasar el tiempo, aunque tuvieras que esforzarte para ello"*[43]. Por eso venzo los obstáculos para ayudar al amigo cuando me pide ayuda. Tal vez puede darme pereza o resultar muy costoso: es la señal de que estamos en el inicio de la amistad donde el cariño aún tiene "costo". En cambio, cuando se quiere de verdad, ya no se piensa en el sacrificio: si es algo

---

[42] https://exodus90.com/es/

[43] Dunbar, R. (2023). *Amigos, el poder de nuestras relaciones más importantes.* Paidós.

bueno y eso ayuda a mi amigo, hago lo que él necesite sin pensar en el esfuerzo que me implica. Ya lo decía San Agustín: *"no hay trabajos difíciles para los que aman; porque, o bien no resultan difíciles, o bien la misma dificultad es amada"*.[44] Entonces aquel favor que hice a mi amigo, mi demostración de cariño hacia él, se convierte en la "suprema maravilla de la amistad"[45]: aquello que era bueno para él, al querer hacerlo porque es mi amigo, termina siendo un bien para él y también para mí.

En el libro "El arte de la amistad", el autor relata una anécdota un poco al límite, pero muy clara: *"Es el diálogo, entre un soldado y su capitán, ocurrido en el contexto de una guerra: —Mi amigo no ha regresado del campo de batalla, señor, solicito permiso para salir a buscarlo. El capitán: —Permiso denegado; no quiero que arriesgue usted su vida por un hombre que probablemente ha muerto. El soldado, haciendo caso omiso de la prohibición, salió, y una hora más tarde regresó mortalmente herido, transportando el cadáver de su amigo. El capitán estaba furioso: —¡Ya le dije yo que había muerto! ¡Ahora he perdido a dos hombres! Dígame, ¿valía la pena salir para traer un cadáver? El soldado, moribundo, respondió:* —

---

[44] Hipona, A. (como se citó en Ordeig, 2014)

[45] cfr. Laín Entralgo, P. Ob. Cit.

¡Claro que sí, señor! Cuando lo encontré, todavía estaba vivo y pudo decirme: estaba seguro de que vendrías".[46]

Por un amigo haré todo lo que esté a mi alcance. Porque lo quiero estoy dispuesto a todo con tal de demostrar mi cariño con hechos.

Entre amigos no existe aquello de *"favor con favor se paga"*, no hay cálculo ni matemáticas, no se lleva la contabilidad... *"es más, muchas veces ni siquiera advierto que lo hecho por el amigo sea un favor. Casi me molesta llamarlo así, porque es lo que me sale hacer. Un amigo hace las cosas a cambio de nada".*[47]

El cariño es como una plantita que debe alimentarse frecuentemente. Hay plantas que necesitan riego diario, otras cada semana, otras cada mes... eso es parte del conocimiento que tengo del amigo. Pero lo cierto es que no hay manera de que él sepa que de verdad aprecio su amistad si no tengo detalles de cariño con cierta frecuencia.

Debo estar presente con el amigo y con los hechos porque cuando el afecto es profundo, constante y ha sobrevivido al paso del tiempo, tal vez en esa relación ya no hay

---

[46] Ugarte Corcuera, F. (2014). *El arte de la amistad*. Rialp.

[47] Romero Iribas, A. M. Ob. Cit.

aventura, ni reto, ni emoción… El amor tiene más que ver con la vida diaria, con la costumbre, con lo cotidiano. Lo primero es *enamoramiento*: bonito, ilusionante y pasajero; lo segundo es amor: profundo, fuerte, a prueba de tiempo.

7

Nunca te voy a fallar

Frodo y Sam, los hobbits de El Señor de los Anillos, son un tremendo ejemplo de la lealtad entre amigos. *"Al acompañar a Frodo hasta el final de la misión que le ha sido encomendada para salvar el mundo de las tinieblas de Mordor, Sam tiene que superarse a sí mismo (y a su naturaleza de hobbit, tranquila, poco heroica y aventurera) en incontables ocasiones, hasta el punto de que hay momentos en los que es él quien empuja a Frodo a cumplir su misión y quien le sustituye cuando él no puede con ella. Se trata de una misión que él mismo no comprende bien, pero que asume por ser la de su amigo y por estar junto a su amigo, por lealtad. Y en ese camino que juntos les toca recorrer, Sam se ve en situaciones que le superan y por las que nunca hubiera pasado voluntariamente, pero que afronta por acompañar a su amigo Frodo. Es la amistad con Frodo lo que hace a Sam dar lo mejor de sí mismo. Lo hace por él, por su amigo; no tanto por la misión de salvar la Tierra Media, menos aún por sí mismo"*.[48]

---

[48] Romero Iribas, A. M. (2015). *La innecesaria necesidad de la amistad.* EUNSA.

Mis amigos me hacen crecer, me hacen mejor persona, sus problemas son mis problemas, sus luchas son mis luchas. La lealtad es una característica esencial de la amistad. Se nota en *Sam* porque está dispuesto para ayudar al amigo cuando lo necesite. Pero tiene otras manifestaciones.

El que sabe querer piensa siempre primero en las características positivas que tiene el otro, de mis amigos, pienso primero en sus virtudes. Pero también, como ya decía, el amor no es ciego, y precisamente porque veo a mis amigos con cariño, puedo descubrir fácilmente lo bueno en él y se lo hago saber. ¿Cuántas veces no he tenido un diálogo en el cual mi compa no se da cuenta de que puede hacer algo que le supera o que no es consciente del mucho bien que puede hacer, o de aquellos rasgos de su personalidad tan buenos que tiene? Como soy su amigo se los hago notar porque estoy orgulloso de él (sus victorias son mis victorias, no hay que olvidarlo) y también para que los pueda poner en práctica.

Se nota que soy un amigo leal porque si alguien acusa a mi amigo de algo que no es verdad, soy el primero en defenderlo, jamás permitiré que le critiquen en mi presencia porque no se vale que hablen mal de él a sus espaldas o aprovechando que no está, ni aunque esté entre amigos en común. Ni siquiera por hacer una broma… todo puede ser malinterpretado, y no me gusta que utilicen a mis amigos como blanco de burlas. Menos aún seré yo el que, por llamar la atención o porque tal vez estoy enojado en ese momento, insinúe siquiera algún defecto de mi amigo: él puede estar tranquilo, yo me encargo de desviar los dardos envenenados.

Incluso, el verdadero amigo es incapaz de pensar mal, porque la sospecha nos hace infelices, mientras que la confianza alimenta la alegría y la tranquilidad interior. Con un buen amigo sé que tengo siempre las espaldas cubiertas, aunque quienes hablen mal de mí tengan razón. Lo contrario sería murmuración… y eso es lo más dañino para la confianza. Cuentan que el mejor amigo de Alejandro Magno era su médico. Un día recibió una carta anónima que rezaba: *"Tu médico te envenenará"*. Acto seguido toca a la puerta el susodicho para indicarle: – *Alejandro, es hora de tomar tu medicamento.* Alejandro recibe la medicina, mira al amigo… y se bebe la pócima inmediatamente mientras dice: – *Antes morir que desconfiar.* Y es que, seamos realistas: ¿cómo voy a siquiera pensar que mi amigo sería capaz de matarme? Pues tampoco tendría que desconfiar si alguien me dijese que mi amigo habla mal de mí, ¡es mi amigo! Y lógicamente, es la misma forma en la que yo me comporto con él, con cada uno de mis amigos.

El respeto que se deben los amigos tiene que ver con la forma de ser de cada uno. Puedo querer ayudar a que mi amigo sea mejor, pero no quiero que sea como yo, le acepto y le quiero como es: con su manera de pensar, de actuar, de sentir, y también las decisiones que toma, aunque no siempre las comparta.

"Yo te quiero con limón y sal, yo te quiero tal y como estás, no hace falta cambiarte nada. Yo te quiero si vienes o si vas, si subes y si bajas y no estás seguro de lo que sientes".[49] Así canta Julieta Venegas y no puedo estar más de acuerdo con ella. Por eso es ridículo que tenga miedo que mis amigos no me acepten o me dejen por mi manera de ser o de pensar… Sería falta de sinceridad de mi parte, por no mostrarme como soy, y falta de lealtad del otro si por eso me juzga.

Frente a los demás, tengo la certeza de que mi amigo siempre estará de mi parte y me defenderá. Por eso, con los amigos nos sentimos seguros. En cambio, sé muy bien que si encuentra algo que debo corregir o en lo que lo he equivocado, me lo va a decir a la cara y debo estar abierto a que me lo haga saber, a que me diga lo que me conviene corregir. De esa manera estará demostrando que es de verdad mi amigo y, si yo

---

[49] Venegas, J. (2006). Limón y sal [Canción]. En *Limón y sal*. Sony BMG.

acepto esa recomendación como venida de alguien a quien le importo, será porque aprecio lo que mi amigo pueda opinar de mi forma de ser.

Esta es una experiencia que he vivido en muchas ocasiones. La primera, de la cual guardo un clarísimo recuerdo, fue con Giacomo: no olvido aquel momento en que, a solas él y yo, me miró directamente a los ojos y con cariño me dijo: *"¿Por qué actúas como si fueras el centro del mundo? No te das cuenta de que hay muchas cosas sucediendo a tu alrededor, mientras tú estás concentrado solo en tus necesidades y no en las de los demás"*. No lo niego, en ese momento fue duro para mí escuchar esa corrección, pero sin duda me abrió los ojos. Además, sé que aquello nunca lo compartió con nadie más, solo conmigo, porque era yo quien debía saberlo, y entendía que solo él, mi amigo, podía hacerme reflexionar al respecto.

Existe un dicho que afirma: *"Desleal es aquel que se despide cuando el camino se oscurece"*. Si percibo alguna sombra en la forma en que mi amigo se desenvuelve, ya sea que a veces actúe de manera hipócrita, hable de forma hiriente, la gente lo evita por ser demasiado hablador, siempre quiera tener la razón, esté haciendo trampa en algo o coqueteando con alguien que no es su novia, entre otras cosas que no contribuyan a su mejor versión, tengo la responsabilidad de decírselo. Sería poco amistoso de mi parte no decir nada, actuando como si no me diera cuenta justo cuando el camino se vuelve sombrío.

Signo de lealtad, de la de verdad, es corregir al amigo, corregir sin herir. Diciendo las cosas de frente y con ganas de que él sea mejor y no de que haga lo que digo, o de que cambie porque a mí me molesta, no: la razón por la que le hago esa corrección es él mismo, porque le quiero y porque deseo su bien (*benevolencia*, ¿recuerdas?), corrigiendo a mi amigo de alguna manera le estoy iluminando el camino, mostrándole algo de su manera de actuar o de su temperamento en el que tal vez no había reparado.

También hay que tomar en cuenta que entre amigos siempre pueden surgir roces, fallos, malentendidos, eso es natural en cualquier relación de amistad. La lealtad nos llevará a hablar de lo necesario y corregir lo que haya que corregir sin dejar pasar el tiempo. No le sacaré la vuelta a hablar claramente de algo que no está saliendo bien, es necesario atajar a la primera un malentendido o una pequeña discordia porque si no se acumulan, se quedan estancadas, se encharcan y meten a la amistad en una situación pantanosa.

Pero, eso sí, tanto un mal entendido como una corrección ha de hacerse siempre a la cara, en persona. Un mensaje de *WhatsApp* o un *voicenote* nunca sustituirá el diálogo sincero y leal de los amigos. Podría parecer más sencillo utilizar el celular para arreglar las cosas, pero muchas veces es una manera de no enfrentar la situación como se debe.

Cuando quiero a alguien, cuando ese amigo de verdad me importa, cuando la estima que le tengo supera las dificultades... sin necesidad de reflexionar sobre el tema, hago un pacto, tácito o de palabra con el amigo: nunca te voy a fallar. Seré una persona leal si sé cumplir mis promesas, aunque las circunstancias y los intereses cambien; seré de fiar si doy el máximo valor a la confianza que los demás depositan en mí, aunque parezca que la prueba es mayor que mis fuerzas; soy un verdadero amigo si estoy dispuesto a darlo todo para lograr lo que dije que haría, aunque me resulte difícil, porque estoy comprometido con el amigo, porque de verdad le quiero.

Cualidades de los amigos

8

El ejemplo más cercano

Cuando estaba morro mi ídolo era un primo mío, Jesús, y le admiraba por muchas razones ya que era un tipo buena onda, deportista, con mucho *pegue* con las chicas, tocaba la guitarra, era muy simpático, medio poeta, escribía y le salía bastante bien. La verdad es que yo, en plena pubertad, necesitaba de modelos a seguir, como nos pasa a todos en esa edad.

A lo largo de la vida aparecen personas a las que uno admira. Gente que uno ve con más detenimiento, como define la RAE, *"con estima y agrado especiales"* porque llaman la atención por las características que poseen que a veces juzgamos como extraordinarias. Eso era lo que yo veía en mi primo Jesús, alguien digno de admirar.

En una publicación que hizo la BBC se hablaba de los personajes más admirados del mundo[50]. La lista incluía a personas como Bill Gates, un pionero del software y ahora filántropo; Angelina Jolie, quien también dedica tiempo a la

---

[50] *Estos son los 40 personajes públicos más admirados del mundo.* (12 de abril de 2018). BBC. https://www.bbc.com/mundo/noticias-43739535

filantropía además de ser actriz y directora de cine; Malala Yousafzai, activista a favor de la educación de las mujeres; el Papa Francisco; deportistas como Lionel Messi y Cristiano Ronaldo; y políticos de todas las tendencias, desde Angela Merkel hasta Barak Obama, e incluso Donald Trump y Vladimir Putin. En todos ellos hay cualidades de su personalidad y de su actividad dignas de admirar y podrían representar una fuente de inspiración para personas muy diversas.

Hablando de ídolos me viene a la mente aquello que dijo Rafa Nadal después de ganar su décimo sexto grand slam, *"Seguro que yo no serviría para muchas cosas, porque lo que yo hago bien es jugar al tenis; otras cosas seguro que no las haría bien. Cada uno debe hacer bien lo suyo y ser consciente de las limitaciones, y yo normalmente conozco bien las mías".*[51] Es por ello que admiro a Rafa Nadal, entre su humildad y saber cuál es su papel se puede notar que es un gran tipo.

Los seres humanos no iniciamos nuestra trayectoria vital como lo hacen los animales que desde el momento en que salen del huevo o del vientre de su madre, instintivamente se

---

[51] Ciriza, A. (12 de septiembre de 2017). *Nadal: "Ser buena gente vale más que cualquier título".* El País. elpais.com/deportes/2017/09/11/actualidad/1505136483_718650.html

ponen en pie y buscan alimento. Esto no sucede con el ser humano, hay pocas cosas tendenciales en nuestro comportamiento, la gran mayoría son imitadas. Un recién nacido es incapaz de sobrevivir solo; en la infancia y la pubertad requieren de modelos a seguir; en la adolescencia se hace evidente la necesidad de aprender de los demás, de personajes que den elementos para formarse; y aunque en la vida adulta pareciese que somos independientes, la verdad es que también nos influyen esos grandes ejemplos ¡y los pequeños también, eh!, los cercanos. Todos estos modelos contribuyen a la formación de nuestro ideal, guiándonos en la búsqueda de nuestro camino a seguir.

La admiración que podamos sentir no será nunca en tono negativo, aquello de la "envidia de la buena" no es real: o admiro y me atrae lo bueno que tiene alguien, o me molesta lo que posee o la manera en que se desenvuelve: me *enoja* su bondad. Porque la envidia es el sentimiento de tristeza o enojo que experimenta la persona que desearía tener esa característica que alguien más posee. La envidia siempre es negativa y, lejos de animarme a mejorar, desata dentro de mí emociones bastante desagradables que, además, solo me hacen sufrir a mí mismo, no se ven hacia afuera.

La envidia hace que me vea como poca cosa en comparación con alguien más y eso nada tiene que ver con la admiración, porque *"admirar a los demás no hace sentirse inferior, sino que permite ver con curiosidad los pasos seguidos por otros. De este modo se puede aprender y mejorar las propias cualidades"*.[52]

Oscar Wilde pone en labios de Lord Henry Wotton mientras conversa con Dorian Gray, la dificultad que tiene: *"Cualquiera puede simpatizar con los sufrimientos del amigo, pero hay que ser muy fino para simpatizar con sus triunfos"*.[53]

La admiración se centra en la apreciación de las cualidades agradables de alguien más y en el deseo de imitar su comportamiento. La sorpresa que esta admiración me provoca abre la puerta a la posibilidad de aprender de la persona admirada. La admiración hacia ciertos personajes se transforma fácilmente en una poderosa motivación, impulsándome a esforzarme por cultivar esas virtudes, corregir mis defectos y aspirar a alcanzar metas más elevadas. Sin embargo, es crucial tener claro que admirar no es idealizar, ya que esto significaría

---

[52] Lemos, R. (25 de enero de 2021). *Admirar a los demás te permitirá aprender*. Mejor con salud - As. https://mejorconsalud.as.com/admirar-a-los-demas-te-permitira-aprender/

[53] Wilde, O. (1890). *El retrato de Dorian Gray*.

percibir una imagen irreal de alguien, percibiéndola como distante, inalcanzable e imposible de imitar.

Es lógico que admire a gente muy grande como Jesucristo, san Josemaría Escrivá o el rey Felipe II; a famosos como Rafa Nadal o C.S. Lewis; y a *influencers* del estilo de Jérôme Jarre. Aunque también puedo admirar a quien tengo cerca: a un familiar, a un amigo, a un compañero de trabajo… Si esto no sucede de manera ordinaria es porque tal vez no he visto todo lo bueno que tiene la gente que está cerca de mí. Si pongo más atención encontraré muchas virtudes. Hace unos años hice ese ejercicio con los miembros de mi familia: me propuse encontrar al menos una característica buena, porque todos tienen algo bueno, y encontré una fuente de inspiración para mejorar en cosas concretas. Lo dijo sabiamente el filósofo chino Mencio: *"Nada es más digno de admiración en un hombre noble que el saber aceptar e imitar las virtudes de los demás"*.

Incluso se puede imitar a gente que, en principio, como son menores a mí en edad, en conocimientos o en experiencia de la vida, uno supondría que no podría encontrar nada que fuera un referente, pero no es así. Sin esforzarme mucho pienso en Raúl, alguien que primero fue mi alumno, luego mi compañero de trabajo, ahora mi amigo y quien me anima a seguir publicando y hacer crecer el podcast pues desde hace un rato se encarga de la crítica y edición del mismo. O también pienso en dos Jorges: el primero que habiendo sido mi alumno y preceptuado, ahora es un alto ejecutivo bancario cuya determinación, claridad de mente y visión son también un ejemplo para mí; o el segundo Jorge cuya organización del tiempo e inteligencia tan preclara siempre ha sido un referente personal aun cuando le conocí mientras le daba sesiones de un curso para universitarios. En los tres casos es la amistad lo que ha ayudado a conocer a profundidad a aquellas personas y poder ver mejor sus múltiples cualidades… y admirarlos.

El problema es que a veces me gana la mirada crítica y solo pongo atención a los defectos, las manías (que tal vez son muchas) y que opacan lo que sí hay de bueno en cada uno de mis amigos.

En un blog anónimo (y del que me apena reconocer que perdí el sitio web), el autor confiesa que a él le llaman la atención las personas que poseen virtudes que él considera muy valiosas e incluso que se da cuenta que no posee. *"Por poner ejemplos,* enlistaba a gente con *cultura, don de gentes, disciplina y fuerza de voluntad, sentido del humor, coherencia rigurosa, capacidad de trabajo, bondad y empatía con los demás, puntualidad, personalidad madura, personas que saben reconocer sus errores y, aún mejor, aprender de ellos"*. Si lo pienso bien, ¿a poco no son precisamente ese tipo de virtudes las que reconozco en mis amigos?

"Los amigos se admiran entre sí, por eso se aprecian; un amigo admira los valores, las virtudes, lo positivo que tiene la otra persona, la conoce y sabe que es así, y por eso la admira, y la admira sin envidiarla, la admira porque la quiere, porque la valora, por eso un amigo ayuda tanto al progreso y al desarrollo [personal], *por eso un amigo siempre es un apoyo"*.[54]

Ana M.ª Romero lo explica perfectamente: *"La admiración es un sentimiento siempre presente en la amistad, que te hace mirar a cada uno de tus amigos como un regalo inmerecido y que te hace sentirte pequeñito ante ellos al tiempo que orgulloso de pertenecer a ese círculo"*.[55]

Hay un dicho kazajo que hace una comparación fabulosa: *"Los árboles crecen por las raíces, las personas por los amigos"*, y tiene toda la razón. La amistad es una comunicación sincera, de ida y vuelta, e incluye el aprender unos de otros. Un ingrediente natural es la admiración mutua, veo en mi amigo

---

[54] De La Rosa y Carpio, R. B. (2019). *Memorias.* Letragráfica.

[55] Romero Iribas, A. M. (2015). *La innecesaria necesidad de la amistad.* EUNSA.

cualidades que me gustaría tener y, seguramente, él también ve otras en mí. Si no fuese así, la amistad no sería tal, no habría crecimiento mutuo, no encuentro en el otro algo que me haga mejor. Como dice mi amigo Antonio Gervas (y a quien, por supuesto, admiro mucho): *"El amor es admiración, la admiración produce la necesidad de cuidar; si se acaba la admiración, se acaba el amor"*.[56]

Hay quien dice que la admiración surge porque veo reflejadas en el amigo las virtudes que yo mismo poseo. Lo que, en todo caso, daría a la amistad aún mayor profundidad porque mi amigo sería un verdadero modelo para mi mejora personal, y además un modelo muy positivo pues todas esas características que veo proyectadas en él se refuerzan y me hacen crecer cuando trato de imitarlas.

¡Qué alegría es descubrir a un amigo que se convierte en un auténtico referente! Si pongo más atención, estoy seguro de que puedo encontrar esas cualidades a imitar en cada uno de mis amigos. Y si por alguna razón no lo encuentro de inmediato, al menos estaré en el camino para descubrirlo.

---

[56] Gervas, A. (2022). *Educa en positivo y lidera el cambio*. Tecnos.

9

Una conversación desde el pozo

Escuchaba un podcast en donde Saskia Niño de Rivera, una mujer que se dedica a ayudar víctimas de la criminalidad, pero también a los victimarios, tenía la doble función de conseguir ser empática tanto con quien sufre como quien hace el mal y eso no está nada fácil, es un reto verdaderamente complicado.[57] ¿Cómo ponerse en los zapatos de una persona que hace un crimen, que mata a alguien, que viola a una persona? Pero hay quien lo puede lograr, se necesita mucho esfuerzo... Ser empático es un acto muy fuerte.

La empatía es una virtud básica en la amistad, requiere ver el mundo desde la perspectiva de otra persona, alguien distinto a mí y, seguramente, con circunstancias que difieren en algo o radicalmente de mi forma de vivir. Hace falta un esfuerzo importante porque por más que lo intente debo partir de la base que comprender, así lo que se dice comprender bien a la otra

---

[57] cfr. Barrazas, D. (8 de junio de 2020). *129 | Di no a la indiferencia | Saskia Niño de Rivera.* Dementes podcast. https://podcast.dementes.mx/129-di-no-a-la-indiferencia/

persona es imposible al 100%, por eso debo suponer lo que vive, lo que sufre, lo que le hace feliz.

Etimológicamente, la palabra empatía quiere decir "sentir dentro". El que es empático se introduce en los sentimientos, en el sufrimiento, en el dolor de alguien más, por lo tanto, intenta entender la realidad que el otro vive, no solo verla desde fuera. Y no solo hablamos de estar ahí cuando se tiene una tristeza, sino que la empatía también se necesita en las alegrías, en las cosas complicadas y en los momentos gustosos.

Podemos emocionarnos, reír o llorar con un video o una publicación que se hace viral, pero esa emoción nos dura el tiempo que es *trending topic*… o menos. El amigo necesitará algo más que la empatía sobre esa sensación pasajera, requerirá que esté dispuesto a hacer mía su situación.

En otro episodio del mismo programa, Diego Barrazas entrevista a Andrea Yriberry y ella explica algunas características que se requieren para mejorar la empatía[58]. La primera es la curiosidad. Hay que ejercerla como la que tienen los niños que, cuando ven a un adulto llorando se acercan a

---

[58] cfr. Barrazas, D. (2 de abril de 2020). *Cómo aprender a través de la empatía | Andrea Yriberry | UNSCHOOL 017*. Dementes podcast. https://podcast.dementes.mx/como-aprender-a-traves-de-la-empatia/

preguntarle *"¿qué te pasa, estás triste?"*. El niño no está previendo la respuesta, no tiene ni idea, por eso no tiene inconvenientes en preguntar.

El objetivo tiene que ser interesarme realmente por lo que le sucede al otro, pero con deseos de verlo según su propia perspectiva, no la mía. Comprender bien qué es lo que le duele o le hace pasar un mal rato.

Es importante diferenciar la empatía de la simpatía. En otro capítulo insistíamos en la importancia de la simpatía como una de las características básicas para iniciar una amistad. Quien vive esta virtud es alguien agradable, amable, de buenas formas. La simpatía es necesaria en la vida, el humor es imprescindible y a través de estas actitudes es como podemos establecer relaciones con los demás.

Sin embargo, el riesgo para alguien simpático es que, al intentar ayudar, quizá minimice la importancia del asunto, tratando de poner en perspectiva el problema o incluso añadiendo un poco de humor a la situación. No obstante, cuando la necesidad de conectarse más profundamente con alguien que se acerca a mí es imperante, la simpatía deja de ser suficiente, es necesario dar un paso más allá: ya no se trata simplemente de resaltar lo positivo de la situación o de caer bien, sino de *ponerse en los zapatos* del otro, adoptar su perspectiva para comprender sus sentimientos, sus necesidades, sus preocupaciones o su estado emocional.

Esta cualidad se manifiesta de manera excepcional en mi amigo Nacho. Es evidente en su forma de escuchar, porque su lenguaje corporal, expresiones, preguntas y asentimientos contribuyen a que uno se sienta verdaderamente comprendido. Nacho posee la capacidad de ponerse en el lugar del otro de manera notable. Lo que me resulta llamativo es que, incluso cuando está atravesando la misma situación, rara vez utiliza su experiencia personal como punto de referencia ni desvía la conversación hacia sus propias vivencias.

Una alegoría que propone Yriberry en la entrevista anteriormente citada resulta muy ilustrativa: *"es como alguien que ha caído en un pozo. Seré empático si bajo al pozo y acompaño a la persona en su oscuridad. No le doy un consejo, le escucho. Y tal vez manifestar: 'No sé qué decirte solo me alegra que me lo hayas dicho'. No hay respuesta mágica"*.

En cambio, desde la simpatía, el sujeto adoptaría otro rol: *"Animar a la persona que está dentro del pozo, desde afuera diciendo: '¡Vamos, tú puedes!' O le dirá 'Al menos tienes salud'*. Un típico comentario de optimista poco empático.

También es usual que intente ver la situación del amigo desde mi propia experiencia, intentando buscar similitudes: *"sí, te entiendo, a mí también me pasa…"* Y el otro pensará *"¿Y a mí qué me importa que también te suceda? Eso no disminuye mi dolor"*.

A veces, desgraciadamente, podría moverme un secreto deseo de ser protagonista, de auto percibirme como importante intentando ayudar a los demás a sentirse mejor, y entonces echo porras o doy consejos a quien no me lo pide, cuando lo único necesario es escuchar y conectar…

Para ser empático sirve mucho recordar aquellas ocasiones en las que me he sentido vulnerable, así al hacer memoria es más fácil que comprenda lo que el otro puede necesitar, porque yo estuve en su lugar… Tal vez puedo entenderle un poco mejor si rememoro esa vez que hice el ridículo, o cuando fracasé en aquella meta que me propuse, o cuando alguien me rechazó y quedé descorazonado…

Cuentan que una señora, sabiendo el influjo que tenía Mahatma Gandhi, le pidió que aconsejara a su hija no comer dulces.

- *De acuerdo, pero tráigamela en 3 semanas.*

Pasado ese tiempo le llevó a la niña. Gandhi habló a solas con ella, la chica lo comprendió y se animó a dejar de comer dulces. Había conseguido lo que se propuso. La señora estaba más que agradecida, solo tenía una duda:

- *¿Por qué me pidió tres semanas de plazo?*
- *Porque hace tres semanas yo era adicto a los dulces...*

Obviamente, no quiere decir que el Mahatma no pudiera ayudarle desde su problema, pero justo el hecho de que él haya pasado por la misma lucha le hizo más sencillo aconsejar. Esa es la vulnerabilidad a la que me refiero.

El cuarto punto es el más básico: saber conversar, y para ello lo primero es saber escuchar. Como se dice por ahí, hay que seguir la naturaleza: tenemos dos orejas y una sola boca: hay que escuchar el doble de lo que se habla. Muchas veces puedo tender a escuchar buscando ya la respuesta que voy a dar, y no se trata de eso, el objetivo es poner toda mi atención, porque nadie me ha pedido aún un consejo.

Es lo que se conoce como "escucha activa": estar presente, en el aquí y el ahora, sin interrumpir, sin revisar el celular, sin poner atención a nadie más excepto a quien tengo enfrente. No juzgando lo que voy oyendo, estando abierto a lo que diga, permitiendo escuchar todas las campanas. Dejando pasar las ideas que me vienen a la cabeza mientras escucho.

Evitando la típica frase *"ah, sí, a mí también me ha pasado"*, que solo denota que voy buscando coincidencias con mi vida, como si fuera yo el parámetro para medir cualquier situación. Escuchar implica hacer un esfuerzo por poner la atención, toda la atención en el otro. *"Necesitamos ejercitarnos en el arte de escuchar, que es más que oír. La escucha nos ayuda a encontrar el gesto y la palabra oportuna que nos desinstala de la tranquila condición de espectadores".*[59]

Yo me voy a proponer un reto en concreto: escuchar sin interrumpir por 3 minutos seguidos en la próxima conversación que tenga con alguien. Tiene su dificultad y me imagino que me costará trabajo, pero de seguro me enteraré mucho mejor de lo que el otro quiere decir.

Un amigo puede decirme que necesita hablar de algún tema, y yo, que siempre me muestro disponible, podría contestarle: *"¡Claro!, tú dices cuándo nos echamos unas cervezas..."* Y tal vez pueda no darme cuenta que lo que él necesita es hablar en ese momento. Hay amigos que gritan su necesidad de hablar, pero hay otros que hablan con señales de humo, si los conozco bien sabré cuándo es oportuno mover mi

---

[59] Francisco (2013). *Evangelii gaudium.*

agenda para que puedan desahogarse inmediatamente si fuese necesario.

La empatía también se nota en lo oportuno o no que es mi intervención. Hay personas que tienen el defecto de la "inoportunidad", quieren hacerse presentes o intentar ayudar en un momento imprudente. Cuando hay amistad ese momento oportuno se conoce, porque tengo experiencia con mi amigo... y si no, preguntaré con franqueza *"¿Te sirve que te diga algo? ¿Quieres que comente alguna cosa? ¿Te interesa platicar?"* Y si su respuesta es "no", pues no me ofenderé, queda claro que ese no es el momento adecuado. De Enrique, mi jefe y amigo, aprendí a preguntar a quien se va a desahogar de algo: *¿Quieres que te escuche, que te diga mi punto de vista o que te dé un consejo?* Entonces sí que seré empático porque a veces hay amigos que solo necesitan un par de orejas disponibles y tiempo para ser escuchados, y otros, en cambio, lo que requieren es la opinión de alguien a quien saben que le importan.

La empatía es una virtud, por lo tanto, es como un músculo que necesita ejercitarse, por eso debo ponerla en práctica una y otra vez, sabiendo que a veces me saldrá de maravilla y otras dejaré mucho qué desear. Por eso, lo primero es tomar la decisión: primero el otro, yo voy después; pondré toda mi preocupación e interés en el amigo, no intentando interpretar lo que está sucediendo sino tratando de comprender qué es lo que puede necesitar esa persona. Solo entonces, preguntar: ¿qué puedo hacer por ti?

La empatía es básica incluso para disfrutar las cosas más sencillas de la vida: al ver una película o una serie, si me meto en ella, si me identifico con los personajes, no solo se vuelve más interesante la historia, también consigo practicar la conexión necesaria para la empatía con los demás. Por eso, lo mejor es no tener miedo a llorar con las películas tristes, reírme con las comedias y estar dispuesto a asustarme con las de miedo. Solo así iré aprendiendo a entender a los demás y lograré ser una persona que realmente comprenda lo que vive el otro, escuchando activamente y dejando de lado mi deseo de protagonismo para ponerme los zapatos del amigo y caminar con ellos.

10

Ser buena onda

La afabilidad es la cualidad de la persona con la que cualquiera puede entenderse fácilmente, de quien no se siente superior (aunque lo sea en algún punto) y que sabe escuchar a los demás con deseo de ayudar. *Affabilis* significa, propiamente hablando, *de quien se puede fácilmente.*[60] Es el buena onda, el que acoge fácilmente a cualquiera, con el que se puede hablar, el que da un consejo porque consigue entender fácilmente.

La afabilidad no es ser políticamente correcto, tampoco es fingir ser bueno o, peor aún, ser hipócrita; más bien reúne una variedad de actitudes como la ternura, la bondad, la sinceridad, el cariño, el respeto, en una palabra: *benevolencia*, o sea, quiere lo mejor para el otro. A la hipocresía no le queda bien la máscara de la afabilidad porque, aunque sus palabras podrían ser seductoras, agradables, incluso tiernas, jamás serán afables porque no proceden del corazón. De hecho, la palabra hipocresía viene de *hipocratos* que significa ponerse la máscara y por lo tanto es una actitud, como se dice, *de dientes pa' fuera.*

---

[60] Wikipedia. *Afabilidad.* Recuperado el 14 de enero de 2023, de https://es.wikipedia.org/wiki/Afabilidad.

La sinceridad es absolutamente necesaria para mostrar que me interesa el bien del otro, por eso mismo es una de las características básicas de la afabilidad. El afable es sincero, honesto, transparente porque es naturalmente bueno, y por lo tanto sus maneras tendrán el sello de un trato amable, cordial; su manera de hablar, incluso aunque no lo busque, será agradable, de esos con los que uno se siente inmediatamente a gusto, incluso se muestra cariñoso, sin ser ni meloso ni tampoco irónico. Tiene buen talante, consigue tratar al otro como si fuera de su familia, pero sin abusar.

En una reunión contaba Orlando: *"Cuando era universitario, en una ocasión estaba en la sala de espera del aeropuerto. Le saqué plática a un* bato[61] *que estaba leyendo algo que parecía interesante. Al rato, un señor –bueno, en ese momento me lo pareció, tendría unos 35 años– se sentó en la misma hilera de asientos que yo, pasados unos minutos se metió en la plática. Al principio me pareció entrometido, pero inmediatamente me cayó bien, tenía muy buena conversación y, a pesar de ser 15 años mayor que yo, no se mostraba superior. Platicamos de todo en esa hora de espera. En algún momento nos presentamos, pero todo quedó ahí, subimos al avión y no lo volví a ver. Pasadas unas semanas le conté a Alberto, un amigo*

---

[61] Forma coloquial de decir tipo, persona, individuo.

de la universidad, que había conocido a un tipo muy interesante en el aeropuerto; al decirle el nombre, Alberto se sorprendió: "–¡yo lo conozco!, me dijo" Y me pasó su contacto, le escribí y empecé a ir a unas pláticas que daba este señor. Hasta la fecha mantengo contacto con él. Era una persona afable, un tipo que, sin pretenderlo, demostraba ser muy buena onda, alguien que aun siendo mayor que nosotros y que sabía más no mostraba esa diferencia".

En el origen, la afabilidad tenía que ver con el supuesto de que uno es mayor que el otro (por posición, por edad, por conocimiento, por experiencia...), por ejemplo, era característica del buen rey o del buen amo que, al tratar bien a sus súbditos o a sus servidores, mostraba ser un líder afable. Por lo tanto, la afabilidad supone que existe una distancia entre el que acoge y el que es recibido; esta distancia es precisamente la que la persona afable se esfuerza por hacer desaparecer. Lleva a ser una persona buena sin sentirse superior a nadie.

Toni Nadal, tío y entrenador durante muchos años de Rafa Nadal decía: *"Lo que no es admisible es que personas que lo han tenido todo en la vida se comporten con grosería con los demás. No; cuanto más arriba estás, más obligación tienes de tratar a la gente con respeto. Habría detestado que mi sobrino se hubiera comportado de otro modo, si hubiera hecho pataletas en la pista, si hubiera sido impertinente con sus oponentes o con la gente que le estuviese viendo por televisión; ser maleducado con los árbitros o con los fans. Yo siempre digo, y sus padres también, que es más importante ser buena persona que buen jugador".[62]*

La realidad es que a veces puede ser que tenga una cierta superioridad sobre otros, tal vez tengo más conocimiento (por ejemplo, respecto de mis alumnos), o más experiencia (porque he entrenado por más tiempo un cierto deporte, o porque he viajado más), o más bondad (porque en ese momento me podría estar comparando con el que se ha equivocado o ha fallado en algo que yo usualmente hago bien), tal vez estoy tratando con alguien más chico en edad o con alguien que es mi subordinado en el trabajo... En todos esos y otros casos aplica la afabilidad.

Si soy alguien afable mi conversación no se parece a la de quien concede una audiencia o le hace el favor de dialogar, más bien lograré que sea una conversación agradable y en buen plan, donde intentaré estar cercano escuchando siempre con interés. Más aún si mi interlocutor es alguien que viene a

---

[62] Nadal, R. y Carlin, J. (2011). *Rafa Mi historia*. Indicios.

contarme lo que hizo mal o me pide un consejo para enmendar su error.

Pero tampoco debo ser excesivamente afable con quien se equivoca o hace daño a otros continuamente, porque si trato de ser muy agradable y me muestro condescendiente con sus vicios, le puedo confundir dando la impresión de que no pasa nada, que no tienen importancia sus errores, y aquel pensará que le estoy animando a persistir en su error.[63]

Este buen trato afable exige tacto y autodominio (por ejemplo, para callarme lo que puede herirle), y tratar de decir las palabras que resulten más convenientes. Muchas veces un simple saludo, una sonrisa, un cumplido o un gesto amable puede alegrar el corazón de una persona y levantarle el ánimo.

Si soy una persona afable procuraré sonreír constantemente y generar un trato fácil, cálido, cordial, comprensivo con los errores de los demás, paciente, afectuoso y amable, que se notará especialmente en mis conversaciones, porque las respuestas cortantes y los largos silencios producen un ambiente incómodo y distante que no ayuda a mantener el diálogo.

---

[63] cfr. De Aquino, T. (1264). *Suma contra los gentiles.*

La conversación afable no tiene nada que ver con hablar de frivolidades para quedar bien, ni quedarse solo en asuntos superficiales (el clima, el futbol...) sino hablar de lo interesante, pláticas de profundidad que realmente se disfrutan, con buenas maneras, con naturalidad, con calidez, con sencillez.

Cuenta Michael Phelps en su autobiografía que, ya siendo famoso, empezó a visitar escuelas y hospitales. Los niños *"me hacían sentir muy cómodo porque sabía que me admiraban, y yo sabía que cuando les decía algo, esas palabras tenían un impacto importante en sus vidas. Al menos podía hacerlos sentir mejor ese día. Quizá hasta inspiré a algunos de ellos para conseguir sus metas. Siempre se siente bien hacer algo bueno por alguien más. No sé bien cómo explicarlo, pero, aunque es increíble ganar medallas y establecer récords, en verdad aprecio más lo que he conseguido cuando veo a los niños sentirse mejor porque fui a visitarlos"*.[64]

Decirle a la gente lo que ha hecho bien, hacer un elogio oportuno, siempre anima. Además, ablanda el terreno para hacerle una crítica constructiva: si le he reconocido lo bueno que hace es más fácil que acepte lo que le conviene mejorar.

---

[64] Phelps, M. (2012). *Bajo la superficie*. Patria.

Obviamente tendré que corregir siempre con cariño y amabilidad para que acepte bien esa recomendación.

Lo contrario a la afabilidad es la impaciencia, el mal humor y la excesiva severidad, y, por otro lado, también la adulación y la hipocresía. Si soy impaciente y ando por la vida con prisa, buscaré acabar con las conversaciones lo más pronto posible y me costará dar el tiempo que el otro necesita. Si suelo estar de mal humor, evidentemente, no seré alguien agradable: a nadie cae bien un tipo con mala cara permanente. Si soy demasiado exigente y además lo hago con malas maneras, regañando a los demás por cada equivocación, o frustrándome porque las cosas no salen como quiero, evidentemente los demás no querrán ni acercarse.

Y en el otro sentido, la adulación es la burla de la afabilidad porque reconozco públicamente lo bueno de alguien más, pero con una segunda intención (*"qué bonito auto, ¿cuándo me lo prestas?"*); y si me comporto de manera hipócrita tarde o temprano será muy evidente que en el fondo no me interesa la otra persona sino solo quedar bien.

Si descubro que en ocasiones caigo en alguno de los defectos anteriores, siempre se puede mejorar, es cosa de proponérselo. *"Los amigos requieren esfuerzo, tiempo y* dedicación, y eso se demuestra en los detalles del día a día. Excusarse diciendo que uno tiene una forma de ser particular, menos atenta o más despistada, para no preocuparse de lo que importa a los amigos puede mostrar comodidad o egoísmo, pues cuando algo nos interesa de verdad no solemos olvidarlo. Los amigos tienen que ser un interés real no sólo en el deseo sino también en los hechos".[65]

Propongo algunas preguntas que podrían ayudarme a reflexionar sobre la afabilidad:

- ¿Mis relaciones con los demás dependen de la utilidad que aporten a mis intereses personales?
- ¿Me sucede que a veces aparento amabilidad para ganar favores?
- ¿Me desanimo por no recibir el reconocimiento que creo que merezco?
- ¿Estoy dispuesto a dar más de lo que el otro se merece?
- ¿Ayudo solo cuando me sobra tiempo, cuando no tengo otra cosa que hacer, o solamente cuando me lo piden?

Creo que dándole vueltas a estas ideas seguramente encontraré detalles concretos en qué mejorar.

---

[65] Romero Iribas, A. M. (2015). *La innecesaria necesidad de la amistad.* EUNSA.

11

Todas las cosas son difíciles antes de que sean fáciles

"Ten paciencia. Todas las cosas son difíciles antes de que sean fáciles".[66] En las relaciones de amistad esta máxima es clarísima pues no se trata de desarrollar un producto, ni siquiera una idea, tampoco es un proceso al uso: mezclamos afectividad, ideales, deseos altos, ganas de ver mejorar al otro, comprensión de las limitaciones… un cúmulo de aspectos que requieren mucho de mí. Ser amigo es un arte donde se pone el corazón, pero sobre todo se permite que las cosas sucedan, sí hay que ayudar, animar, hacer crecer, pero esencialmente hay que "dejar ser" pues eso es lo que más quiero del amigo: lo que es.

La paciencia es la capacidad de saber esperar y con la cual mantengo un talante tranquilo, alegre y sereno en los momentos difíciles, y que podría transmitir a quienes me rodean. Quien es paciente sabe que muchos problemas se resuelven sabiendo esperar el momento adecuado, *"esperar un poco, a veces unos días, una temporada, (...) y como decía un*

---

[66] cfr. Saadi, poeta persa del siglo XIII

buen amigo, evocando un dicho popular, '[que] con el andar de la carreta las calabazas se acomodan', *refiriéndose a ese saber permitir que los acontecimientos fluyan, respetando la naturaleza de las cosas sin querer intervenir con nerviosismo para ajustar o corregir la realidad a nuestro antojo y velocidad".*[67]

Las personas maduras han aprendido a ser pacientes, saben que las cosas casi nunca se resuelven inmediatamente y que la gente no cambia porque a mí me parece que así debe ser, por eso son capaces de superar la frustración y mirar adelante con esperanza. En cambio, los niños sienten que es una eternidad esperar hasta Navidad; los adolescentes se angustian si la novia no responde inmediatamente a sus mensajes; los jóvenes quieren ver resultados más rápido del negocio que van emprendiendo; somos muchos los que vivimos de la inmediatez de los resultados que arroja Google, y nos enfadamos si perdemos la señal de wi-fi.

En cambio, en un noticiero brasileño apareció un ejemplo donde se ve con claridad la paciencia de los mayores*: Está una viejita en silla de ruedas a la orilla del mar en Río de*

---

[67] Díaz Covarrubias, E. (2019). *Paciencia de Dios, impaciencia de los hombres.* Minos Tercer Milenio.

Janeiro, se le ve disfrutar el viento salado y el rumor de las olas.
La entrevista un periodista:

- ¿Es verdad que hoy cumple 112 años?

- Así es.

- Supongo que en su vida usted se hizo algunos propósitos.

- Sí, tres: dejar de ser esclava, porque nací hija de esclavos para las plantaciones de café... y lo conseguí a los 17 años. Segundo: Conocer el mar, y como regalo de cumpleaños, el gobernador de mi estado me pagó este viaje. Y el tercero: ver a Dios... pero para eso no tengo prisa.

Dice un proverbio persa que *"la paciencia es un árbol de raíz amarga, pero de frutos muy dulces"*. Necesito poner empeño en lo que quiero, pero no solo quedándome sentado, sino actuando. Porque paciencia no es inactividad: no es esperar a que las cosas pasen solas, tengo que ser proactivo si quiero que algo que depende de mí suceda. Quien tiene paciencia no es una persona comodona, sino que tiene sentido de la realidad. El que está enfermo espera su recuperación, pero toma sus medicamentos; el que aguarda un vuelo, está atento a la pantalla de salidas y llegadas; el que quiere ver mejorar a un amigo le da un consejo y, si prudente, le acompaña en ese proceso.

Aristóteles considera la paciencia como una parte de la fortaleza. El fuerte es quien posee la capacidad de mantenerse firme en las desgracias, no tanto por el miedo al error o por la esperanza de una recompensa placentera, sino por el gusto de hacer el bien. Del cobarde, contrariamente, se dice que todo lo rehúye y teme, y que no soporta nada.[68]

Tendría que darme cuenta cuántas veces voy corriendo por la vida pretendiendo que mi familia, mis amigos, mis compañeros de trabajo, el gobierno, corran a mi ritmo, incluso que Dios también tenga la misma prisa que yo... La verdad es que sí me sucede, recuerdo haberle pedido un favor o un milagro ¡y me enojé porque no me lo concedió inmediatamente! No cabe duda de que *"el mundo es redimido por la paciencia de Dios y destruido por la impaciencia de los hombres".*[69]

"Las personas que van de prisa, se vuelven arrolladoras, y la prepotencia es señal no solo de mala educación, sino también de falta de humildad: no te das cuenta de quién eres ni dónde estás parado".[70] En cambio, la paciencia gana a los demás. Me lo contaba en primera persona Samuel, un muchacho que estudiaba Derecho y los fines de semana manejaba un Uber. Una noche recogió a dos amigos que, entre otras cosas, se estaban poniendo de acuerdo para ir a Misa al día

---

[68] cfr. Aristóteles. (350 a.C.). *Ética a Nicómaco.*

[69] Benedicto XVI. (2006). *Deus caritas est.*

[70] Díaz Covarrubias, E. Ob. Cit.

siguiente. Dejó a uno de ellos en su casa y, de camino al domicilio del segundo, entabló conversación:

- *¿De verdad tú vas todos los domingos a Misa?*
- *De hecho, voy todos los días, contestó Germán.*

"Entonces, empecé a hacerle las preguntas sobre religión más impertinentes que se me ocurrieron. Pero Germán, lejos de molestarse, me respondió con tanta paciencia e interés que me dejó una muy buena impresión. El fin de semana siguiente me lo volví a topar al recoger a un amigo suyo en una fiesta a la que también había asistido Germán, me reconoció y me planteó si me interesaba asistir a una actividad de formación… a un bato tan paciente y buena onda como él no le podía decir que no".

Ser paciente no quiere decir ser tonto, ni sumiso, o dejar que hagan lo que quieran conmigo. Eso es una caricatura del hombre paciente, la del dejado y medio tonto que se aguanta todo. *"Tener paciencia no es dejar que nos maltraten continuamente, o tolerar agresiones físicas, o permitir que nos traten como objetos".*[71] Pero tampoco puedo pretender que la gente a la que trato sea a mi gusto, y entonces, no solo no me dejo, sino que impongo mi forma de pensar. *"El problema es cuando exigimos que las relaciones sean celestiales o que las personas sean perfectas, o cuando nos colocamos en el centro y*

---

[71] Francisco. (2016). *Amoris laetitia.*

esperamos que solo se cumpla la propia voluntad. *Entonces todo nos impacienta, todo nos lleva a reaccionar con agresividad. Si no cultivamos la paciencia, siempre tendremos excusas para responder con ira, y finalmente nos convertiremos en personas que no saben convivir, antisociales, incapaces de postergar los impulsos, y la familia se volverá un campo de batalla".*[72]

Lo que me suele suceder cuando conozco a alguien es que primero le tolero, le aguanto, después le escucho, me intereso por su vida y entonces le comprendo, y termino queriéndole. *"La paciencia se afianza cuando reconozco que el otro también tiene derecho a vivir en esta tierra junto a mí, así como es. No importa si es un estorbo para mí, si altera mis planes, si me molesta con su modo de ser o con sus ideas, si no es todo lo que yo esperaba. El amor tiene siempre un sentido de profunda compasión que lleva a aceptar al otro como parte de este mundo, también cuando actúa de un modo diferente a lo que yo desearía".*[73]

Cuando se trata de noviazgo, algunos quieren quemar etapas y por eso se precipitan. La amistad requiere paciencia:

---

[72] Francisco, Ob. Cit.

[73] Romero Iribas, A. M. (2015). *La innecesaria necesidad de la amistad.* EUNSA.

después de encontrar a alguien que me caiga bien, descubrir los puntos de coincidencia en los temas importantes, conocerle a fondo, admirar lo que tenga de bueno y aprender de ella, es entonces cuando surgirá el cariño y la lealtad. ¿Cuál es la prisa de querer hacerme de una novia solo porque es guapa o es simpática? Paciencia… No hay que jalar la plantita para que crezca más rápido, hay que conocer bien cómo funciona, echarle agua con la periodicidad necesaria, ponerle su abono, permitir que floree y entonces dará fruto.

Las personas tienen su tiempo, no he de correr, no querer inmediatez, hasta *Alexa* y *Siri* se equivocan si no tengo paciencia. He de querer a las personas como son y luego ayudarles a ser mejor, pero tener en cuenta que no pueden ser a mi manera y no van a cambiar solo porque yo lo desee. Con cariño, con buenas maneras y con paciencia, cualquiera puede convertirse en una persona mejor.

12

Cuando el amigo te falla

Recuerdo muy bien los dibujos que yo hacía de pequeño, eran tremendamente feos, la verdad sea dicha, aunque siempre tenía ganas de entregar algo bonito a mis papás o quedar bien con la maestra. Eran dibujos muy sencillitos en una sola dimensión, incluso a veces remarcaba los contornos de negro para que se viera mejor... Ahora los veo y soy consciente de que un *Da Vinci* no era... Y es que cuando alguien aprende a pintar se da cuenta que, en un dibujo, para que sea armonioso, debe incluir otras cosas, por ejemplo, sombras, pero eso sucede hasta que uno tiene una cierta madurez, mientras no aprenda de la vida, uno no se plantea incluirlas, hasta podrían parecernos feas. Y es que una obra de arte, una pintura bonita, un paisaje o un retrato realista, no puede ser agradable a la vista si le faltan las sombras, son las que logran realzar las luces que dan los colores más claros.

Con los amigos sucede lo mismo, porque somos humanos y por tanto imperfectos, tenemos luces y sombras, virtudes y defectos, aciertos y errores, y no debe sorprender que nos equivoquemos e incluso, que fallemos a la gente a la que queremos. *"Admitir que las personas tenemos defectos supone contar con que habrá ocasiones en las que tengamos que pedir perdón o perdonar. Porque fallaré yo y puede fallar mi amigo, y porque en cualquier relación humana hay que poner esfuerzo para superar las dificultades que surgen (problemas, malentendidos, malas temporadas, menos tiempo disponible, enojos por tonterías, cansancio, etc.)".*[74]

A mis amigos tendré que perdonarles muchas cosas, casi siempre sencillas: que uno llegue impuntual, que al otro se le olvide el favor que le pedí, que a aquel otro (que ya sé que tiene la cabeza en la luna) hasta se le pase mi cumpleaños… Y ellos a mí ¡no te cuento! Pero justamente ese perdón hará que nuestra amistad sea más fuerte porque traerá como fruto que me dé cuenta que mi amigo no es perfecto, es como yo, y que también necesita mi comprensión y mi ayuda.

Sería terrible que estuviera guardando una lista de errores de mis amigos. Mi vida estaría amargada porque no habría pasado la prueba de perdonar y también de pedir perdón. Porque el rencor avinagra el alma, y me hace cargar con un peso que va rompiendo la amistad. El perdón, en cambio, quita peso de encima, permite caminar más ligero, e incluso olvidar

---

[74] Romero Iribas, A. M. (2015). *La innecesaria necesidad de la amistad.* EUNSA.

lo que no hace falta mantener en la memoria porque no es de utilidad. Claro, eso implica vencer mi orgullo, y dejar que cicatrice esa herida.

Obviamente, lo que debo perdonar a un amigo siempre será algo pequeño, porque a las personas que se les quiere no se les hace daño voluntariamente. Como dice Cicerón: *"las ofensas que podamos recibir de nuestros amigos, cuando no han tenido demasiada importancia, hay que saber pasarlas de largo"*. Y, en otras palabras, también Jean de La Bruyère: *"No puede ir muy lejos la amistad cuando ni uno ni otro están dispuestos a perdonarse mutuamente sus pequeños defectos"*.

Pero, ¡aguas!, los amigos que discuten con demasiada frecuencia no son en realidad amigos, son compañeros y no se llevan tan bien. Tampoco son verdaderos amigos los que sermonean y corrigen constantemente.

Incluso entre amigos de verdad algunas veces podríamos hacernos daño sin darnos cuenta, pero sobre todo porque es un hecho que querer mucho es arriesgarse a sufrir mucho. Sin embargo, quien no arriesga, no gana, y si quiero tener amigos debo estar dispuesto a intentarlo, aún con el riesgo de equivocarme o de que las cosas no salgan como quisiera.

En el capítulo 21 de "El principito", el zorro le explica qué es domesticar, y le pide que lo haga con él: porque, *"si me domesticas, mi vida se iluminará. Conoceré un ruido de pasos que será diferente de todos los demás. Los otros pasos me hacen volver bajo tierra. Los tuyos me llamarán fuera de la madriguera, como una música. Y, además, ¡mira! ¿Ves, allá lejos, los campos de trigo? Yo no como pan. El trigo para mí es inútil. Los campos de trigo no me recuerdan nada. ¡Y eso es triste! Pero tú tienes cabellos color de oro. ¡Entonces será maravilloso cuando me hayas domesticado! El trigo, que es dorado, me hará recordarte. Y me agradará el ruido del viento en el trigo… El Principito domesticó al zorro. Pero al acercarse la hora de la partida:*

- ¡Ah! -dijo el zorro-, Voy a llorar.

- No es mi culpa –repuso el Principito-. Tú quisiste que te domesticara, no fue mi intención hacerte daño…

- Sí, yo quise que me domesticaras –dijo el zorro.

- ¡Pero dices que llorarás!

- Sí -confirmó el zorro.

- ¿Ganas algo entonces? –preguntó el Principito.

- Gano -aseguró el zorro-, por el color del trigo".[75]

---

[75] Saint-Exupéry, A. (1951). *El Principito*.

La amistad puede doler, y es lógico: se entrega el corazón. El amigo se vuelve parte de mí, y cuando se abre la distancia entre los dos, o cuando uno le falla de manera rotunda al otro, se abre una herida en el alma. Y es que la confianza y la intimidad hace que uno se vuelva vulnerable, y muchas veces no somos conscientes de que estamos entregando algo que tal vez el otro aún no merece. Pero esas experiencias me hacen crecer, no es el fin del mundo.

Bien lo decía nuestro amigo Antoine de Saint-Exupéry en otro libro: *"Al primer amor se le quiere más, a los otros se les quiere mejor"*.[76] A medida que vamos poniendo el corazón, aprendemos a querer mejor.

"Cada amistad es una experiencia única, es decir, nadie puede reemplazar a ese amigo. ¿Por qué crear lazos tan fuertes, sabiendo que no siempre estaremos juntos, sabiendo que tal vez algún día nos separaremos? Porque ganamos «el color del trigo»; ganamos la experiencia de compartir, de abrir el corazón por el otro y de ser capaces también de entrar en el corazón del otro y llevarnos un pedazo del suyo. Es una alegría el que duela la amistad, porque significa que arraigamos lazos fuertes,

---

[76] Saint-Exupéry, A. (1939). *Tierra de hombres.*

íntimos y profundos que ya son parte de uno mismo y que van a permanecer siempre en el corazón".[77]

Al poner el corazón en alguien, siempre existe la posibilidad de que sea maltrato y hasta se rompa. Y aquí viene la ironía: *"Si uno quiere estar seguro de mantener el corazón intacto, no debe dar su corazón a nadie, ni siquiera a una mascota. Hay que rodearlo cuidadosamente de caprichos y de pequeños lujos; evitar todo compromiso; guardarlo a buen recaudo bajo llave en el cofre o en el ataúd de nuestro egoísmo. Pero en ese cofre —seguro, oscuro, inmóvil, sin aire— cambiará: no se romperá, se volverá irrompible, impenetrable, irredimible. [Pero, entonces] La alternativa de la tragedia, o al menos del riesgo de la tragedia, es la condenación. El único sitio, aparte del Cielo, donde se puede estar perfectamente a salvo de todos los peligros y perturbaciones del amor es el Infierno".*[78] Sí, un infierno en vida es lo que padece quien vive sin amigos porque no quiere confiar en nadie, porque no quiere correr el riesgo de un nuevo desengaño, o porque siente que le basta con su novia para ser feliz. Algo así me planteaba un muchacho cuando sorpresivamente me llamó después de que su novia cortara con él: *"¿Cómo se cura un corazón cuando no se*

[77] Romero Iribas, A. M. Ob. Cit.
[78] Lewis, C. S. (1960). *Los cuatro amores.*

tiene amigos?"... Pobre, no sabes lo mucho que le compadecí.

"¿Quiere esto decir que la reconciliación de los amigos es siempre un empeño posible? En modo alguno. Seis acciones pueden, cuando son graves, romper definitivamente la amistad: el insulto, el ultraje o improperio, la soberbia, la indiscreción, la traición y el daño voluntariamente inferido a un amigo común".[79]

Es lógico que, si ya he pasado por el trance de una decepción, es mucho más difícil permitirme un nuevo intento, seguramente seré más precavido e iré con mucha cautela para evitar confiar al 100% en alguien más. Pero he de tener la esperanza de que las experiencias me darán una madurez que me llevará a querer mejor, a saber elegir correctamente a mis amigos, y a poner más y mejor el corazón porque también tendré presente a tantos otros amigos que sí han correspondido y han sabido reponerse de un mal momento. La amistad es un riesgo que vale la pena correr.

---

[79] Laín Entralgo, P. (1972). *Sobre la amistad.* Biblioteca Virtual Miguel de Cervantes.

Distintos ámbitos para tener amigos

13

Los amigos que no tuve que elegir

Mis hermanos son esos mejores amigos que simplemente aparecieron ahí, yo no tuve que hacer nada para ponerlos en mi camino. Con ellos he discutido muchísimas veces, he renegado de ellos, los he ignorado y también les he dado mucha lata; me han hecho enojar, me han dicho mis verdades, nos hemos golpeado, peleado y reconciliado incontables veces, aunque lo normal es que mantenga ese amor de familia incondicional que me hace sentir que nunca estoy solo y que cuento con alguien en quien confiar... y como anuncia MasterCard: "eso no tiene precio".

Aunque, la verdad sea dicha, no todos los hermanos son ejemplares en su trato. Conozco casos terribles de hermanos que se pelean a muerte, que se han tratado muy mal, que se faltan el respeto, o se dejan de hablar por asuntos grandes y por tonterías también. Pero son mayoría las historias de amor fraterno, de hermanos y hermanas que se apoyan, se buscan, se provocan alegrías, se acompañan en las tristezas, se ayudan en los problemas económicos, y son generosos cuando las cosas van muy bien.

Los recuerdos nos dan identidad. Quien pierde la memoria, pierde también su conocimiento personal, deja de saber quién es, pierde la conciencia de sí mismo. Mucho de lo que soy lo llevan en el corazón y en la memoria mis hermanos: tantas vivencias, anécdotas e historias... por lo tanto, en ellos se atesora buena parte mi identidad.

Una gran ventaja en la relación de hermanos es que no se hace distinción entre sexos: cuando se trata del ámbito familiar da igual si son dos mujeres, dos varones o una mujer y un hombre.

Por cierto, lo que digo sobre los hermanos aplica también para los primos muy cercanos e, incluso, podría también ser válido en el caso de los vecinos de la infancia, los de toda la vida: son personas que me conocen desde pequeño y con quienes he recorrido momentos esenciales de mi vida, lo que ha generado una relación muy especial, casi tan cercana como la que tengo con mis hermanos.

Los 7 elementos de la amistad, de los que hemos hablado en capítulos anteriores, se viven en la relación con los hermanos: la coincidencia y el entendimiento en lo importante se dan naturalmente porque se comparte la misma familia; la simpatía puede ser mayor o menor, pero nunca serán indiferentes; el conocimiento mutuo es casi completo; la confidencia casi siempre se da de manera natural de los hermanos menores a los mayores aunque requiere un mayor esfuerzo en sentido contrario; pero el cariño surge instantáneamente, y se mantiene a pesar de los pesares. Es, tal vez, la lealtad lo que más hay que trabajar: hablar siempre bien del hermano, saber corregir de mejor manera... Ahí es donde se debe fomentar un poco más esa amistad.

La amistad puede surgir en cualquier lado, pero cuando proviene de alguien de tu familia no tiene comparación. Y lo digo por experiencia propia: mi hermano Luis Eduardo fue durante mi adolescencia mi mejor amigo, y aún hoy, cuando 3,800 km nos separan, sigue siendo uno de mis mejores amigos.

La verdad es que tengo, gracias a Dios y a la paciencia de ellos, muchos amigos, pero hay muchas razones por las cuales mis hermanos podrían estar fácilmente en mi top 5 de amigos.[80] La primera y más básica es que un hermano siempre será parte de mi vida. Conoceré a muchas personas, tendré otros muchos amigos, pero mi hermano lo tendré siempre a mi

---

[80] cfr. Aldana, R. (18 de enero de 2017). *7 lecciones de vida que nos enseñan los hermanos*. La mente es maravillosa. https://lamenteesmaravillosa.com/7-lecciones-de-vida-que-nos-ensenan-los-hermanos/

lado, y me acompañará de cerca en las distintas etapas de la vida y eso le da una gran ventaja porque, lo quiera o no, ahí estará.

Por otro lado, si hay alguien que me dirá la verdad, aunque me incomode ese es mi hermano: le da igual mi reacción, difícilmente se "tocará el corazón" para señalarme un error… o justamente por eso, porque me quiere, me dirá la verdad como va. Con otras personas tal vez me pueda sentir herido, pero con mis hermanos se me va a pasar. De hecho, es otra de las características de la fraternidad ya que con ellos se acaba el enfado mucho más rápido.

Seamos honestos, molestar a un hermano causa un cierto e irresistible placer. El pobre de Hugo, mi hermano más pequeño, lo sufre en cuanto Luis Eduardo y yo aparecemos juntos: ¡es que no podemos evitarlo! Sé que en algunas ocasiones no resulta tan gracioso nuestro *bullying fraterno*, y ha sucedido que Hugo se pone serio y nos hace saber su molestia, pero también es verdad que es cuestión de un breve tiempo para estar como si nada. En cambio, ¿cuántas amistades se han perdido por pequeñas diferencias? Y es que con los hermanos se supera el enojo y se controla la ira más fácil y más rápido… es la ventaja de conocerse tan bien y de saber que en el fondo hay mucho cariño que no puede echarse por la borda así por así.

Los hermanos no necesitan decirse nada, pueden estar sentados el uno al lado del otro sin sentirse incómodos y pueden calmarse sin decir ni media palabra, porque el hecho de tener a mi hermano cerca me hace ver que los problemas entre nosotros se arreglan siempre. ¿Cuántas veces no escuché de mi mamá aquello de "pídele perdón a tu hermano o…"? Esa amenaza no me hacía estar para nada convencido de que mi hermano mereciera mi perdón, pero acto seguido le daba la mano para cumplir el requisito. A partir de ahí, podían pasar minutos u horas de tensa calma, pero de alguna forma caía en la cuenta de que el perdón y el olvido beneficiaba a ambos. En definitiva, los hermanos enseñan que no hay distancias insalvables entre dos personas que se quieren, ni de niños ni de adultos.

Con los hermanos uno aprende a no preocuparse solo de sí mismo, sino a cuidar y velar por el bienestar del otro. Con los hermanos acaba uno desarrollando un instinto de protección especial, no comparable a nada de lo que se siente en ningún otro momento de tu vida por alguien más, excepto la esposa y los hijos.

Quien tiene hermanos sabe muy bien que las cosas hay que ganárselas, que siempre hay competencia entre nosotros, no hay manera de que no suceda. En esa competencia fraterna, para los que les tocaba perder constantemente, que casi siempre eran los pequeños, seguramente esto fue una fuente de frustración continua, pero les ayudó a crecerse y sacar lo mejor de ellos. También es cierto que los hermanos ayudan a aprender de los errores, de los míos y de los suyos. Sus meteduras de pata son, de alguna forma, también mías, lo mismo que sus éxitos, y eso es aprendizaje continuo y muy valioso.

Desde que apareció mi primer hermano, aprendí a compartir lo material y lo inmaterial: mi espacio, mis juguetes, mi ropa... mis padres, mi familia, etc., etc. Cuando se tiene hermanos se sabe que no hay nada que sea propio al 100%, aunque lo reclame con todas mis fuerzas. Esto será objeto de disputas interminables, pero en el fondo da lo mismo, porque tener a alguien con quien compartir alegrías y desdichas es mucho mejor que tener que inventar juegos conmigo mismo.

Y en este sentido, los hermanos viven fuera del efecto tiempo, pues a pesar de que los años pasan para todos, seguimos compartiendo bromas familiares, risas, penas, llantos y alegrías de manera continua... y nos seguimos burlando del hermano menor.

"Con todo, es evidente que las relaciones que se establecen en la fraternidad no se pueden identificar completamente con la amistad. A diferencia de la caridad

fraterna, la amistad nace espontáneamente de la simpatía interior: para ser verdaderos amigos hay que compartir una atracción, una pasión, (...) y es imposible experimentar esta reciprocidad con todos los hermanos. En efecto, la participación común en un mismo ideal [y en una misma familia] *no requiere un gran compromiso a nivel psicológico y afectivo, y no es necesario tener los mismos gustos y sentir simpatía por todos los hermanos"*[81] de la misma forma.

Ya metidos en gastos, cuando se trata de buscar ventajas de tener hermanos, se me ocurre una más: incluso las discusiones tienen su ganancia pues me ayudan a adquirir la habilidad de controlar mis emociones, a compartir, a ser flexible y a dejar a un lado sentimientos tan negativos como el rencor y la envidia.

Si bien la rivalidad es una consecuencia natural de la relación entre hermanos, si no se viven las virtudes de la amistad (confianza, empatía, paciencia, afabilidad, saber perdonar) puede suceder que con el paso del tiempo vayan surgiendo rencores, envidias, o una enemistad a largo plazo que destruye la armonía familiar y que podría desembocar en un grave problema en el futuro. Conocemos tantos casos de

[81] Insa Gómez, F. J. (2019). *Amar y enseñar a amar. La formación de la afectividad.* Palabra.

hermanos peleados o resentidos por haber guardado agravios del pasado que no supieron resolver.

Sea como sea y aunque el tiempo y la distancia nos alejen, un hermano siempre hace cualquier cosa por ver sonreír a su hermano. *"Pase lo que pase y aunque las ramas de los árboles se distancien, siempre compartiremos las mismas raíces"*.[82]

---

[82] Aldana, R. Ob. Cit.

14

¿Amigo de mis papás?

La amistad entre padres e hijos es un tema que se aborda mucho en el ámbito educativo. Pero es curioso que, en la vía contraria, la amistad de los hijos con los padres, no se habla. Yo tengo una certeza: la relación con mis progenitores mejoraría sí o sí si me esfuerzo por vivir con ellos las características de la amistad.

De verdad que estoy seguro de que entre hijos y padres puede haber una verdadera amistad, una amistad que evidentemente no es igual a la que tengo con los amigos de mi edad y circunstancias. Y esto es lógico, no puedo esperar de mis papás la misma camaradería que tengo con los amigos que han surgido de entre mis compañeros de la escuela, de la universidad o del trabajo, no es el mismo trato, las mismas bromas ni los mismos intereses, pero sí que puede haber una mejor relación, casi tan parecida a la amistad.

¿Y cómo crece la amistad entre hijos y padres? Pues como cualquier otra amistad: con dedicación de tiempo, algo que siempre suelo decir que no tengo. Se trata de dedicar a mis papás tiempo de calidad, tiempo para interesarme de manera honesta por sus cosas, no simplemente el hecho de que sean mis papás (que ya es mucho, pero no suficiente), sino que también me interesen sus planes, sus ideas, sus historias y anécdotas, que me interesen sus éxitos y fracasos.

A veces me gana el reclamo de derechos: mis papás tienen el deber de quererme porque soy su hijo. Tal vez no lo digo en voz alta, pero sí que lo pienso o lo tengo asumido… no lo imagino de otra forma. Pero ¿y si se las pusiera más sencilla? Por ejemplo, intentar ser más simpático. Me sucede que a veces les trato con un poco de indiferencia, o soy muy quejumbroso, y en ocasiones también negativo… ¿y por qué no intentar mostrar mi mejor cara cuando estoy con alguno de ellos, dejar pasar las críticas, sobreponerme al mal humor…? ¿Por qué mis papás han de pagar los platos rotos del enojo que traigo por otra cosa?

Al llegar a su casa bien podría tener alguna buena noticia que decirles, o un chiste que contar, o simplemente, platicarles de los sucesos agradables que me han sucedido. Empezar el diálogo con una nota positiva es empezar con el pie derecho. Yo noto como a mi mamá se le iluminan los ojos cuando "su bebé" le cuenta de su trabajo, de sus planes o de sus próximos viajes, aunque luego se queje de que "no caliento la casa"... pero es evidente que se alegra con mis buenas noticias o con lo que me ilusiona.

Pero también, ¡cuántas veces me han dicho que parece que ando en plan *"contreras"*! Yo creo que no soy al único al que a ratos le persigue ese afán de ser distinto a sus papás, de ir siempre en sentido contrario, buscando en qué no estoy de acuerdo, incluso, poniendo ejemplos exagerados con tal de demostrar que las cosas suceden distinto a como lo plantean ellos. ¡Son ganas de *fregar* (diría mi madre), de querer llevar la contra, seamos honestos!

¿Y si me fijo en lo que sí estamos de acuerdo? ¿Qué me costaría darles la razón o decir que coincido con lo que ellos dicen? Todos hemos experimentado ese sentimiento agradable cuando alguien dice: *"sí es cierto, estoy de acuerdo contigo"*. Son solo unas cuantas palabras que a cualquier ser humano alegran... también a mis padres.

Por otro lado, puede suceder que me canse de escuchar las mismas historias, y entre más canas van saliendo a mis papás, más hablan del pasado... pero es lo natural: los niños y los adolescentes hablan del futuro, los jóvenes del presente y los mayores del pasado. Debo comprender que mis papás se van volviendo... gente experimentada (por no decirlo de manera peyorativa) y es lógico que tengan muchos recuerdos. ¿Por qué me ha de molestar que los traigan a la memoria en mi presencia? ¡Al contrario! Es muy interesante conocer de dónde provienen esas tradiciones familiares o los personajes (tíos, abuelos, compadres...) que le dan color a la familia. Incluso he tomado la iniciativa de preguntar sobre asuntos familiares o de ellos mismos que desconozco: así me enteré cómo fueron las circunstancias de mi nacimiento, cómo era su vida de novios, cómo se las arreglaron los primeros años de matrimonio... Recuerdos entrañables que me ayudaron a entender cómo ha funcionado mi familia y de qué manera ha influido en mi forma de ser. Lo he estado haciendo últimamente y, la verdad, los resultados son fabulosos: además de tener un muy buen rato con ellos, me he estado enterando de cada chisme... jejeje. Pero también he comprendido mucho mejor las razones por las que actuaron de tal o cual manera y también las motivaciones que tienen de fondo para tomar ciertas decisiones. Sin duda me ha servido para ser más comprensivo.

Si quiero crecer en intimidad con mis papás será necesario dedicar más tiempo a cada uno, no solo tiempo con ellos juntos como pareja o en familia. Es una buena forma de romper viejos hábitos y acabar con la monotonía en el trato que tengo con ellos. Además, es más íntimo, seguro me daré cuenta que papá o mamá se abre más conmigo, y también tendré la oportunidad de platicar de cosas personales que tal vez no he contado antes. Sin olvidarme de poner en práctica la *regla de oro*: tratar a mis padres en la forma que quiero que ellos me traten: si quiero que me escuchen, entonces escucharé lo que ellos tienen que decir. Dar respeto gana respeto.

Cuando era pequeño confiaba de manera natural en ellos: eran mis ídolos, y todo lo que me sucedía se los contaba. En la adolescencia, perdí esa costumbre de platicarles todo lo que me pasaba, probablemente por miedo a defraudarles o a que no les gustara lo que les dijera... Con el paso del tiempo me ha pasado que he dejado de hablar sobre lo que es importante para mí. Si ya soy un adulto, ¿qué es lo que temo? Bien podría volver a intentar tener confianza en ellos y hablar con más naturalidad.

Una cualidad de la verdadera amistad es que es desinteresada, lo único que me importa es el bien de mi amigo. Un buen amigo no se plantea qué puede obtener del amigo, si tiene dinero o influencias... eso no sería amistad, sino conveniencia egoísta. Si consigo una relación de amistad con mis papás, ellos llevan la de ganar en este sentido, pues *"me parece que no existe mayor desinterés que una madre que alimenta a su hijo, sabiendo que este necesita de todo su cuidado y que no hay posibilidad de que el hijo le devuelva el favor. Dentro de la familia es en dónde, literalmente, dicho desinterés se mama. Los padres cuidan y aman a sus hijos simplemente porque quieren hacerlo, sin esperar nada a cambio. Podemos decir que es una muestra totalmente gratuita de amor."*.[83]

En cambio, yo necesitaré poner un esfuerzo tremendo para que el amor por mis papás sea desinteresado, como lo es el que tengo por mis amigos. Ese cariño, sin búsqueda de beneficio personal, surge cuando consigo poner al otro en el centro de la relación, intento conocerlo más, me fijo en los rasgos positivos que tiene, y hasta busco imitar esas actitudes, y todo de manera libre, quiero hacerlo porque descubro, por ejemplo, el buen humor de mi papá, o el espíritu de servicio de mi mamá, tal vez lo poco que se queja uno y lo amiguera que es la otra... características dignas de imitar y que, con esos ejemplos tan cercanos, me ponen fácil el intentar ser mejor.

Sin duda, algo que ayuda demostrar cariño son los detalles: ¿y si le llevo el café que le gusta a mamá? ¿Y si investigo las novedades en el área laboral de mi papá y le saco plática? ¿Y qué pasaría si me adelanto a hacer el favor que siempre me piden o los sorprendo arreglando el clóset de las sábanas y toallas o el cuarto de las herramientas? A todos nos gustan los detalles de cariño, y si son espontáneos, sin necesidad

---

[83] Sosa, B. (6 de febrero de 2018). *Amistad y Familia*. Recuperado de https://tutti.com.mx/blogs/ladolcevita/amistad-y-familia

siquiera de sugerirlos, más aún, porque demuestran con hechos, sin necesidad de palabras, que le importas a alguien.

Otra característica esencial entre los amigos es la lealtad, ¿por qué me cuesta tanto vivirla con ellos? En concreto, me voy a proponer nunca hablar mal de mis padres, nadie tiene por qué saber los problemas que puede haber en la familia. Además, decir los defectos de mis papás en público es escupir para arriba: ¡le estoy disparando a mi propia familia!

Y la corrección… ¡eso sí que cuesta trabajo! Decirles a los papás en lo que están mal, en lo que pueden mejorar, es algo que implica un esfuerzo mucho mayor. El problema es que me sale natural si estoy molesto por algo y les aviento en la cara "sus verdades"... Me da pena reconocer que eso sí ha sucedido y en más de una ocasión, especialmente cuando era un adolescente impresentable. Pero corregir a mis papás por cariño, porque de verdad quiero que sean mejores; con buenas maneras, a solas… esa sí que tiene una dificultad, pero es una verdadera muestra de cariño; y ellos, al ver que yo ya soy un adulto, será más fácil que lo entiendan y hasta les dará gusto ver que esa muestra de confianza hace evidente que me importan.

Si tengo muy buena relación con mis papás, vivir con ellos las características de la amistad hará que se fortalezca el vínculo aún más.

15

En la chamba, en el laburo, en el curro

Hay quien dice por ahí que trabajo y amistad no son muy compatibles, en concreto hay teorías de todo como que uno no debe poner un negocio con un amigo porque, una de dos: o termina la amistad o termina el negocio. Y también hay quien afirma, por el contrario, que sí, que qué bueno que trabajes con amigos porque esas relaciones siempre se mejoran. Analicemos las características de la amistad pensándolas desde el trabajo y tal vez encontremos algo que dé más claridad.

La primera característica está fácil ya que el hecho de trabajar en el mismo lugar o de tener una cierta relación gracias a nuestra labor profesional nos dará esa coincidencia o compañerismo que es el inicio de una relación, pero solo eso, como lo dice C.S. Lewis: "el compañerismo es solo la base de la amistad y no la amistad en sí misma".[84]

Ahora, ese compañero me debe caer bien, y aquí sí voy a empezar a tener problemas: no todos mis colegas me caen tan bien porque seguramente trabajo con personas que me son muy

---

[84] Lewis, C. S. (1960). *Los cuatro amores.*

simpáticas y otras que nomás no. Podría hacer ese análisis: ¿quiénes sí me caen bien? Y por ahí empezaría el filtro de los que podrían llegar a ser mis amigos.

Pero tal vez podría empezar por ser yo el simpático... Seguro que me podría esforzar para caer mejor a mis compañeros, y eso tiene mucho que ver con los modos con lo que uno trabaja, con abrirse a los demás. Siendo claro, si soy un tipo que está metido en su chamba, que no hablo con nadie y no busco el trato con otros, evidentemente no seré una persona simpática, seré más bien un ermitaño laboral. En cambio, si les saco conversación, si aprovecho los momentos de interacción, y, sobre todo, si pido las cosas con buenas maneras (con más razón si son personas que tengo a mi cargo), de seguro que esos colegas apreciarán mucho más mi compañía y entonces podría haber algo más que simples compañeros de trabajo.

El tercer punto es que nos entendamos en lo esencial. De entrada, voy a suponer que las personas que trabajan conmigo, igual que yo, están comprometidos con la institución y eso ya me dará una pauta en común: hay que ser leales con nuestra empresa, trabajar bien y echarle ganas.

Pero la amistad no solo se queda en este punto porque uno tiene que empezar a conocer a las personas en otros aspectos y ver si coinciden en lo que a mí me parece importante. Para eso necesitaré dedicarles tiempo, y en el trabajo hay muchos momentos para hacerlo. De manera ordinaria platicamos de asuntos laborales: procesos, metas, objetivos planteados, nos reunimos para hacer *team back* y retroalimentarnos, proyectar la institución… Pero si lo que quiero es empezar una amistad, he de aprovechar otros momentos. Por ejemplo, cuando me acerque a la cafetera y coincida con alguien, no solo le voy a sonreír, sino que también le voy a sacar plática, le preguntaré por su familia, sus preocupaciones, qué tal el fin de semana… no lo sé, hablar de otro tipo de cosas, no sólo del trabajo. Y entonces puede iniciar una relación un poco menos superficial y empezar a profundizar, pero para esto es muy necesario preocuparme por los demás, que yo no vaya simplemente a mi trabajo a cumplir con un objetivo porque entonces me olvido de lo más importante.

Habrá quien opte por decir: "Yo voy a hacer mis actividades, este horario, cumplo con lo que me toca, y ya está… no me interesan los demás porque esto es trabajo y no un club social"… Allá él, yo, en cambio, estoy convencido de que las relaciones intralaborales mejoran muchísimo si me preocupo por mis compañeros, si presto atención a las personas.

Y es que si aquel al que debo entregar un reporte no es simplemente mi jefe sino *Enrique*: aquel señor casado con siete hijos y ocho nietos, que le gusta viajar, las discusiones sabrosas y hacer paella… esos son detalles que yo debo conocer y sé que si quiero tener un buen detalle con él le compro unos buenos habanos o le invito a jugar golf… Ese es mi jefe.

Pero también tendría que tener ese conocimiento de los que están en el mismo nivel jerárquico y, más aún, de los que trabajan conmigo. Desde hace unos años, por recomendación de algún experto en relaciones laborales, empecé a tener un *one to one* mensual con cada uno de mis colaboradores directos. El guion que hay que seguir consiste en una serie de preguntas:

1. ¿Cómo estás?
2. ¿Cómo está tu familia?
3. ¿Qué te preocupa?
4. ¿Qué estás estudiando?
5. De tu trabajo, ¿qué te causa orgullo por lo bien que lo has hecho?
6. ¿Qué no ha salido bien y pudiste haber hecho mejor?
7. ¿Qué dificultades laborales tienes?
8. ¿Cuáles son tus próximos retos (de tipo personal, familiar, profesional, …)?
9. ¿…y qué más?
10. Y de todo esto, ¿en qué te puedo ayudar?

11. Por último, ¿qué retroalimentación me quieres dar? ¿En qué puedo mejorar?

Esto me ha ayudado a llegar a la confidencia al darme cuenta de que al otro le importa mi vida y demostrarle que me importa la suya. Entonces surge la confianza que, evidentemente, debe tener sus límites para evitar que se malinterpreten las intenciones.

Claro, si yo quiero que haya una amistad fuera del ámbito profesional tengo que provocar esa convivencia fuera del trabajo, porque si mis pláticas se reducen a los momentos en los que coincidimos junto a la cafetera, o los diálogos que tenemos en una reunión de trabajo, esa relación no pasará de ser compañeros de ocupación. Esto lo he comprobado cuando he cambiado de trabajo: con la gran mayoría no ha habido continuidad, es más, hasta perdí sus contactos porque estaban ligados a la cuenta de correo institucional... señal de que simplemente nos unía lo profesional, que tampoco tiene nada de malo.

En cambio, con Javier, a quien empecé a tratar porque compartimos oficina durante un año, luego tuvimos responsabilidades conjuntas durante varios años más, incluso fue mi jefe más de una década, con él sí que hice una amistad fuerte, tanto que aún hoy continúa, soy padrino de Santiago, su tercer hijo, y llevo una relación maravillosa con toda su familia, ¡somos grandes amigos! Pero para que la amistad se diera y luego no fuera entorpecida por la relación laboral, fue necesario mantener la claridad, el cariño y los límites necesarios para las dos facetas (profesional y de amistad) que teníamos.

Porque si lo que yo quiero es hacer amistad con los de mi trabajo, entonces necesitaré otros espacios fuera de lo laboral, y entonces invitaré a este compa a comer después, o a tomarnos unas cervezas. Incluso les podría invitar a mi casa, abrirles mi intimidad, dar el primer paso. También puedo estar esperando que los demás lo hagan primero, pero si el que quiere hacer amigos soy yo, al que le interesa tener una relación más profunda es a mí, no me voy a esperar a ver si otro tiene la iniciativa. El ejemplo me lo puso Enrique, mi jefe actual: él me invitó primero a su casa, me abrió su hogar, su familia, y eso ha provocado una relación mucho más cercana entre los dos.

El trato continuo también me ha ayudado a darme cuenta de quién trabaja bien, quién es puntual, quién es más ordenado, quién tiene más detalles con los demás, el que hace las cosas de cierta forma… Y esto es muy interesante porque cuando pongo atención a las personas cuando las "estudio" (por cierto, el vocablo "estudiar" viene del griego *studiositas* que es una palabra muy simpática: quiere decir "mirar con cariño". Y admirar es mirar con detenimiento, con cariño, con una mirada que se detiene en los detalles), porque a las personas hay que estudiarlas y así es fácil dar un paso más: entonces aquella compañera no es solo Angélica, Gabriela, Álvaro, Ana, Geor o Luis, sino aquella que es bien ordenada, la que da seguridad, el que tiene la idea atinada, la todo lo resuelve, quien nos ayuda a sacar las cosas complicadas o quien con su sencillez me hace pensar... Así encuentro todas esas virtudes que tienen mis compañeros de trabajo y tengo ejemplos cercanos para mejorar y hacer mejor mi propia labor.

Cuando uno convive tanto con la gente y les presta atención, surge de manera inmediata el cariño y milagrosamente las cosas de los demás ahora me parecen importantes, me alegro con sus alegrías, me entristezco con sus aflicciones, y empieza a preocuparme el que está enfermo y no ha ido a trabajar, o la que tiene un problema en su familia, o el que se le ve cabizbajo... Me preocupo por los demás y por eso me entero que alguno tuvo una pérdida en casa, un familiar que requiere una transfusión, o sé que aquel tiene una buena noticia como que ¡nació su bebé!, pues voy al hospital a verlo... Lógicamente, me preocupo por los demás porque ha surgido cariño, aprecio y estima.

Insisto, si por el contrario me comporto como un ermitaño laboral me va a dar igual lo que le pase a la gente. En algunas ocasiones podría ser una especie de mecanismo de defensa, un cierto miedo a demostrar cariño, porque hay quienes dicen que si muestro mis sentimientos en el trabajo podría ponerme en una situación vulnerable, y que eso, en una posición de autoridad, podría ser malo o quitarme una cierta ventaja... Esa opinión, honestamente, me parece una estupidez. Simplemente, si demuestro mis sentimientos, mi afectividad, seré una persona, un ser humano, y eso me hace muy cercano a cualquiera, y no el mandón autoritario que desde su atalaya contempla a los demás o se limita a hacer lo que le toca.

Por último, la característica que refuerza la amistad es esa tuerca de la lealtad, aquella que tiene dos ámbitos muy interesantes. En primer lugar, como hemos dicho antes, los amigos siempre hablan bien de los amigos y por lo tanto nunca hablan mal. Si esa lealtad la vivo en mi trabajo, nunca hablaré mal de mis compañeros de trabajo, menos aún a sus espaldas porque cuando inician esos chismes, esas habladurías, se rompe la unidad de un equipo de trabajo, y en último término, también de la empresa.

Más bien, la lealtad en mi trabajo, hacia las personas con las que laboro, debe llevarme a lo contrario: a que si yo me encuentro con algún aspecto que uno de mis compañeros puede mejorar se lo diré de buenas maneras, sin ironías, sin burlarme, y no delante de los demás sino a solas, tampoco señalándole delante del jefe o de los demás sembrando cizaña: *"¿Ya te fijaste como este tipo siempre llega tarde, o como nunca hace lo que se le pide, o que continuamente busca excusas para no entregar sus reportes?"* Obviamente, esa no es la manera de ayudar. Si lo que quiero es apoyarle, tengo que decírselo con claridad, con ganas de que sea mejor, a solas, de buenas maneras, como me gustaría que me lo dijeran a mí si fuera el caso.

Al mismo tiempo, debo ser muy consciente de las razones por las que hago esa corrección. Me parece que hay tres motivaciones, muy diferentes entre sí. La primera y más básica es porque me molesta lo que hace: *"Me enfurece que fulana deje siempre la taza fuera de su lugar"*. Segunda, porque así se hacen las cosas, porque eso dice el reglamento. Y la tercera, que es la correcta: voy a corregir porque esa persona puede ser mejor si elimina ese defecto o mejora en tal actitud. Entonces, me acercaré con el colega en cuestión y le daré un consejo en corto, de los que se dan las personas que se aprecian: *"Me parece que platicas mucho, que incluso podrías hasta estar generando chismes y eso, creo que te resta eficacia, te hace ver mal, te hace perder el tiempo. Estoy seguro de que llegarías más fácilmente a tus objetivos si dedicas menos tiempo a estar platicando. Igual y me equivoco, pero no quería dejar de decirte algo que pienso que puedes mejorar".*

Si vivo esas siete características de la amistad en mi trabajo, lo primero que surgirá será un mejor ambiente laboral en donde yo estaré cómodo y las demás se van a desarrollar mejor, saldremos beneficiados todos: la empresa y cada uno de nosotros.

Además, de seguro que desarrollaré buenos amigos. Ojalá que, de ahí mismo, del trabajo, lleguen a surgir mis compadres, incluso mis familiares. Esto, lógicamente, no es obligatorio ya que no tengo por qué ser amigo de todos mis compañeros de trabajo, pero tal vez si lo intento, creceré como persona, me haré alguien más cercano, y tendré el premio de hacerme de amigos ahí donde paso tantas horas de mi día

16

La pregunta del millón

¿Es posible tener verdaderas amistades con el sexo opuesto? Es una cuestión que he discutido con muchos amigos y en muchos foros… incluso me valió un abucheo en una conferencia con más de 200 muchachos en una escuela en Argentina, que, por cierto, acabó muy bien… pero eso es otra historia.

Como este libro no permite el diálogo (aunque espero que luego podamos tenerlo por alguna red social), diré lo que opino del tema gracias a las interesantes discusiones que se han armado. Mi respuesta es: claro que sí… y claro que no, depende de qué estés preguntando. Así que vamos explicándonos.

Para empezar, tenemos que entender la forma en que se da una amistad, y también cómo funciona uno y otro sexo. Partamos con el primer punto: como ya se ha explicado ampliamente en los primeros capítulos, la amistad inicia con una coincidencia: encontrar a alguien que me parece simpático y que comparte mis ideas. Luego se le dedica tiempo y se va conociendo cada vez más a la persona, se inicia la confianza y, por consiguiente, la confidencia. Se descubren las cosas más positivas del otro y el deseo de pasar más tiempo con él. Y entonces surge el cariño que se ve reforzado por la lealtad vivida por ambos. Hasta aquí, todo lo que conocemos.

Pero cuando este proceso sucede con un hombre como protagonista y una mujer como la "candidata" a amiga habría que cambiar algunas palabras: conozco a una chica muy simpática, divertida, lista, y, además, bonita (recuerda que estoy en papel "hombre"); nos entendemos en lo importante, coincidimos en ideas e ideales. Entonces, quiero conocerla más: la frecuento, salimos, compartimos tiempo, nos contamos asuntos más personales, empieza a confiar en mí y yo en ella. Por supuesto, reconozco tooooodo lo bueno que tiene, ¡es que es tan evidente! ¿Y entonces? ¿Qué sucede entonces? Pues, lo lógico: *"La amistad entre hombre y mujer es sugerente. Y a veces tiene el riesgo que de ese encuentro salte la chispa del enamoramiento"*[85]. El cariño surge de manera espontánea, y cuando se trata de un hombre y una mujer que se sienten atraídos el uno por el otro, ese cariño tiene otro nombre...

[85] Rojas, E. (3 de junio de 2009). *"Felicidad es tener salud y mala memoria"*. Recuperado de https://www.elperiodico.com/es/opinion/20090603/enrique-rojas-felicidad-salud-mala-125411

Mi querido amigo Fernando me puso por escrito cómo fue que conoció a una chica de nombre Rocío. Voy a copiar aquí unos párrafos muy ilustrativos:

"Corría el año 2016 cuando una chica entró en la clase de la universidad y se sentó en las primeras filas, yo la observé desde la fila de atrás sin pena ni gloria. Pasaron los meses y seguíamos siendo simples compañeros de clase. No fue hasta que [un día de evaluación,] a la espera de que el profesor repartiese los exámenes, nos pusimos a conversar, por primera vez, amigablemente. Aún recuerdo esa entrañable conversación. Fue el último examen antes de Navidad. Ella me contó que era de Alicante (¡Oh, casualidad! Yo tengo familia en Alicante); también, que estudió en un colegio de Fomento [de Centros de Enseñanza] (¡Oh, casualidad, yo también!); que eran cinco hermanos (¡Oh casualidad, igual que nosotros!); y que su cuñado había estudiado en mi colegio… Demasiadas coincidencias como para tener solo una breve conversación. Después del examen continuamos hablando y no nos vimos más hasta el siguiente año, pues ella partía ese mismo día a Alicante. Recuerdo que ese breve (pero intenso) encuentro me cautivó. A día de hoy creo que fue por la pasión y la alegría que expresaba al hablar de su familia, lo cual era muy importante para mí. Me pasé las navidades pensando en aquella conversación, en las cosas que contaba, en cómo las contaba y he de confesar que alguna sonrisilla se me escapaba. Iba a

escribir que no sentí ningún tipo de atracción por ella en ese momento, pero releyendo lo que he escrito, ya no me atrevo a confirmarlo (jajaja…). Pero creo recordar que no era atracción, no la veía como mi posible novia, ¡qué va! Si yo en ese momento tenía novia, quizá sí algo de admiración…

A la vuelta de vacaciones fue más sencillo entablar conversación y se empezó a integrar en mi grupo de amigos. A Rocío la veía simplemente como una amiga/colega de universidad. Y así fue durante los dos siguientes años [hasta que terminó la relación con la novia que tenía].

Recuerdo perfectamente el momento en el que empecé a ver a Rocío como "algo más". En tiempo de exámenes pasábamos mucho tiempo juntos y me hacía algunas confidencias. Un día me pidió que le acompañase a otra facultad a recoger unas fotocopias, le había pasado algo horrible y necesitaba contárselo a alguien (...) y confió en mí para hablar de ello. Se desahogó y lloró. Después sonrió y siguió siendo la persona más fuerte del mundo. Fue ese pequeño gesto de complicidad, esa confidencia, el que me hizo empezar a verle como "algo más". Ese día supe que nunca dejaría que nadie le hiciese daño.

Huelga decir que al poco tiempo se hicieron novios y dos años después se casaron. Ahora son un feliz matrimonio y tienen una preciosa niña, Rociíto, un milagrito que requeriría un libro más para contarlo.

En el relato de Fer se ven fácilmente las diferentes etapas que fue viviendo la relación entre ellos: coincidencia en clase, afinidad objetiva y subjetiva con esos diálogos, irle conociendo al hacerse parte del grupo de amigos, la confidencia de Rocío que les dio esa complicidad y lógicamente el cariño que empezó a surgir.

Ah, pero falta la séptima cualidad de la amistad: la lealtad. ¿Acaso podría hacer exactamente lo mismo con otra chica? Y es ahí donde *la puerca tuerce el rabo...* Como explica C.S. Lewis: *"La verdadera amistad es el menos celoso de los amores. Dos amigos se sienten felices cuando se les une un tercero, y tres cuando se les une un cuarto, siempre que el recién llegado esté cualificado para ser un verdadero amigo"*.[86] Pues eso no sucede en la relación entre personas de sexos distintos: la amistad, la verdadera amistad entre hombre y mujer, exige exclusividad, algo que no ocurre entre hombres o entre mujeres. Es más, si un hombre pidiera exclusividad a su amigo hombre, o una mujer a otra, sería raro, extraño, incluso podríamos pensar que en aquella persona empieza a surgir una dependencia enfermiza, y eso no es amistad sino un asunto patológico.

---

[86] Lewis, C.S. (1960). *Los cuatro amores.*

Tampoco me refiero al compañerismo, eso es distinto porque no tiene la profundidad de la amistad como la hemos estado explicando en estas páginas. Puedo tratar muy bien a mis compañeras de trabajo o de estudios, ser caballeroso, simpático, incluso podría contar cosas personales pero que usualmente serán confidencias en grupo o de temas más bien superficiales. Es usual que se le llame "amigas" a ese tipo de relaciones, como sucede también en el caso de las amigas de la novia o de la esposa, es una forma coloquial de referirse a ellas, aunque en realidad no haya una amistad propiamente. Por lo tanto, no es a este tipo de "amistad" de la que hablo. Incluso pienso que habría que buscarle otro nombre porque si no es fácil caer en un equívoco. Tal vez habría que decir que son "conocidas", algunos hablan de "amistades" para no referirse a "amigas"… Incluso hay quien ha pensado en inventarse el término *"compis"*, un diminutivo de "compañeras" y por lo tanto más casual y cercano… tampoco creo que sea necesario hacer una tesis sobre ese asunto en concreto, al fin y al cabo, son asuntos de semántica que no tienen tanta importancia.

El punto es que cuando se tiene una relación estable, o que pretende serlo, con alguien del sexo opuesto, lo lógico es que me esfuerce por ser leal hasta en los aspectos más pequeños, tal como lo hace notar Fernando que mientras está de novio con alguien más trata de no poner demasiada atención a Rocío.

El problema surge cuando aun teniendo un compromiso hay gente que busca excusas para mantener otras amistades y *"a veces llevan una amistad muy íntima* [con alguien del otro sexo], *muy similar a la amistad que ha de darse en el noviazgo. Afirmaciones como: «Mi novia confía en mí, mi amistad íntima con esa amiga no perjudica en nada mi relación»; o «pero, ¡si esa amiga es como una hermana para mí!, no va a pasar nada, no obstaculiza en nada la relación con mi novia». Son un poco ingenuas"*[87] porque ya se ve que no han experimentado la necesidad de exclusividad que requiere el noviazgo y con más razón el matrimonio.

Quien quiere entregar su vida por completo a alguien, no va dejando parte de ella en otras personas. Justo ese era el argumento que aquella chica argentina (con la que tuve la discusión en la conferencia sobre la amistad a la que me refería al inicio) no comprendía. Ella insistía: *"yo confío en él, mi novio confía en mí, no va a pasar nada con alguien más".* En ese momento, yo no tenía a la mano el dato del estudio que emprendió la Universidad de Wisconsin-Eau Claire y que sacó como conclusión que hombre y mujer no pueden ser "solo amigos". Un dato interesante es que son los hombres quienes

---

[87] Populín Such, S. (27 de mayo de 2022). *¿Amistades con el sexo opuesto durante el noviazgo? Consejos para saber vivirlas.* Recuperado de https://catholic-link.com/amistades-con-el-sexo-opuesto-noviazgo/

se sienten atraídos con más frecuencia hacia sus amigas, y generalmente piensan que ellas también lo están. Curiosamente, según la misma investigación, las mujeres están en las antípodas de ese planteamiento: lo usual es que sientan poca o nula atracción por sus amigos hombres y piensan que les sucede lo mismo a ellos. Y una conclusión aún más simpática: los hombres resentimos mucho más que las mujeres el estatus de "solo amigos"[88], que nos pongan en la *friend zone* es algo que nos cuesta mucho digerir. Por lo tanto: hombres y mujeres enfrentamos de manera distinta (pues distintos somos) la amistad con personas del otro sexo y el poco entendimiento de este hecho puede causar que alguien "dé alas" a otra persona sin quererlo justo porque le trata con tal cercanía que hace pensar que hay algo más.

"Esto no quiere decir que las amistades con el otro sexo tengan que anularse, pero sí re plantearse. Al iniciar un noviazgo, el corazón, la interioridad de la persona tienen que «pertenecer» al novio/a, a esa persona con quien se compartirá el resto de la vida en el futuro matrimonio".[89] De esta manera quedarán claras las intenciones y deseos de esa pareja, lo que

---

[88] El estudio completo se puede leer en https://www.bleske-rechek.com/April%20Website%20Files/Bleske-Rechek%20et%20al.%202012%20Benefit%20or%20Burden.pdf

[89] Populín Such, S. Ob. Cit.

llevará a que se tomen las medidas que vean necesarias para limitar lo que podría poner en peligro este vínculo sentimental que van iniciando y al que, en principio, dan más importancia.

Por otro lado, cuando la relación de pareja ha pasado por las 7 fases de la amistad y se empeñan uno y otro por vivir las virtudes que la caracterizan, hacen que aquella unión se torne fuerte y duradera. Porque *"la amistad lleva el enamoramiento a su perfección, pero no siempre coincide con él, aunque él parezca pedirla".*[90] Pues, como le escuché a Javier Escrivá Ivars en una conferencia, el amor *"es como una planta: requiere agua, abono y cuidados, pero también poda: rectificación de defectos, eliminación de malos hábitos".*

Por eso, con esa persona a la que amo, me esfuerzo por buscar más puntos en común, una mayor cantidad de coincidencias: me intereso por sus hobbies, por sus gustos, por sus pasatiempos, así siempre tenemos de qué hablar. Le escucho, pongo atención a su conversación, trato de entender su punto de vista, buscando en que sí estamos de acuerdo y no lo contrario, de tal forma que reforzamos aquellos aspectos que compartimos, en los que estamos en sintonía, respetando

---

[90] Laín Entralgo, P. (1972). *Sobre la amistad.* Biblioteca Virtual Miguel de Cervantes.

también los otros aspectos donde pueda tener una opinión distinta, y eso no nos aleja, sino que nos da perspectiva.

También he de esforzarme por ser más simpático, por sonreír, saber contar chistes, hacerle bromas agradables; darle su lugar permitiendo que se explaye, que se desahogue, sin interrumpir la conversación, sin dar un consejo que no me ha pedido; señalando lo bueno que hace, echándole porras, motivándola. De tal forma que podamos conocernos a profundidad, que sepa hacerle preguntas, llegar a la confidencia, sabiendo que no hay nadie mejor en quién confiar que ella. Al mismo tiempo, permitir que cada tenga su espacio con sus amistades, lo que implica una confianza a prueba de balas. Y la admiración por ella crecerá porque me enamorará cada vez más todo lo bueno que tiene, y podré señalar ante los demás todas virtudes que posee mi amada y lo mucho que aprendo de ella.

Lógicamente todo lo anterior hará que el amor crezca, pero un amor que se mostrará con hechos descubriendo el lenguaje por el cual ella comprende esas demostraciones de amor. Y así procuraré decirle palabras de afirmación oportunas, le dedicaré tiempo de calidad, tendré los detalles que ella aprecia, haré muchos actos de servicio, y el contacto físico apropiado nunca faltará.[91]

La lealtad en una relación será la piedra de toque del amor. Si de verdad le quiero nunca, nunca, nunca hablaré mal de ella con otras personas y menos aún si está ausente. Porque hablar mal de la persona que amo es como *escupir para arriba*: ¡yo le he elegido! Y no solo por esa razón. Si tanto le amo, mis críticas nunca serán públicas, solo ella sabrá qué veo que pueda mejorar, y lo sabrá por mí, de frente, en persona, y con las palabras adecuadas porque quiero que mejore, que sea la mejor versión de sí misma, no solo porque a mí me incomode esa actitud, sino porque le amo.

Entonces sí, la relación de amor crecerá y perdurará, además será ejemplar, como el amor entre doña Margarita y Horacio: cada vez que alguien le pregunta a esta elegante dama "¿Cómo está?", ella invariablemente responde: *"¡Muy enamorada!"*

---

[91] Recomiendo vivamente que se estudie, no solo se lea, el fabuloso libro *Los 5 lenguajes del amor* de Gary Chapman (1992) y se haga el test para descubrir el lenguaje propio en www.5lenguajesdelamor.com/#quiz

17

De extraños a amigos

31 de julio del 2016, final del día, por ahí de las siete de la tarde regresaba del último evento con el Papa de la Jornada Mundial de la Juventud en Cracovia; había perdido en el camino a mis amigos; iba desvelado, desmañanado, poco comido, asoleado e, incluso, mojado porque nos había llovido en el camino de regreso al alojamiento. Solo tenía ganas de cargar mi celular para poder averiguar en dónde estaban mis amigos, bañarme y dormir.

Cuando fui a buscar un lugarcito para cargar mi celular me topé con la sorpresa de que hay un montón de aparatos conectados en el único contacto eléctrico disponible, entonces un muchacho polaco me preguntó: *"¿En qué te ayudo?"* A lo cual le respondí que estaba buscando en donde cargar mi celular. *"Ah… mira, ¡aquí!"*, movió algunos dispositivos y puso a cargar el mío. Honestamente, yo tenía muchas ganas de irme a la cama, no de conversar, pero me sentí en deuda con aquel chico, así que le saqué un poco de plática y empecé a preguntarle de su vida: *"Nice to meet you, I'm Kacper, from Varsovia, I'm 17 years old…"* Y empezó un diálogo que debería haber durado dos minutos ¡pero se alargó durante cuatro horas! Me encontré con un tipo súper divertido e interesante, que empezó a cantar en español las dos canciones que sabía, que se interesó en mi vida y además me contó muchísimas de la suya.

Al día siguiente me presentó a su hermano Krzysiek, y yo, a mis amigos. Intercambiamos perfil de *Facebook* y durante un tiempo usamos *Messenger* para dialogar (porque resulta que en Polonia no es popular el *WhatsApp*). Cuando se me salió comentarle que no me gustaba el frío, empezó a enviarme fotos de las nevadas en Varsovia para burlarse un poco de mí… se fijaba en detalles muy simpáticos.

El 16 de septiembre de 2021, justo cuando le felicitaba por su cumpleaños, me envió por respuesta una foto donde aparecía Kasia, su novia, con un anillo de compromiso: se casarían el siguiente año y me estaba invitando a la boda. Intenté planear un viaje a Polonia, pero era muy complejo precisamente en esas fechas, entonces, aprovechando un viaje de trabajo que tenía a España el mes de mayo previo, decidí ir a visitarlo. Después de 6 años nos volvíamos a ver. Entonces conocí a su prometida en persona. Fueron tres días de mucha convivencia donde pude ver en acción las muchas virtudes que tiene mi amigo: es un muchacho sencillo, divertido, que canta, cuenta chistes en tres idiomas, seguro de sí mismo, buena claridad de pensamiento, sabe lo que quiere y eso es evidente porque con sus pocos años se casó sin tener nada resuelto por el lado material; lo que sí tiene es a una gran mujer a la que quiere, alguien que es la mujer de su vida y están dispuestos a iniciar un proyecto juntos. Kasia nos acompañó en varios momentos de esos días a conocer Varsovia y entre otras cosas me dijo: *"Kacper tiene una tendencia constante de ayudar a los desconocidos"* Y vaya que sí, gracias a un *"¿En qué te puedo ayudar?"* empezó una amistad.

Otra historia: en 2020, durante las primeras semanas de la pandemia, me llegó un video muy simpático en el cuál un muchacho va contando una historia mientras lee los títulos que va retirando de una pila libros.[92] Por casualidad me enteré de que era el ganador de un concurso, y por pura curiosidad busqué su nombre en internet, me lo encontré en *LinkedIn* pues compartíamos algunos contactos, y le mandé un mensaje: *"¿Acaso eres tú el del concurso?"* Lo más interesante fue que Fernando me contestó y así empezó un diálogo por aquella red social que pronto pasó a *WhatsApp*, porque en España sí que lo usan… Y así platicamos de casi todo, al fin y al cabo, teníamos tiempo pues el Covid nos tenía bastante encerrados en nuestras

---

[92] Se puede ver en www.youtube.com/watch?v=zct69bx3IUs&t=54s

respectivas casas. Me contó lo que estaba intentando hacer por personas que lo estaban pasando muy mal en Madrid durante la pandemia, también de su familia, de sus aficiones… Tuvimos algunas videollamadas y se inició una amistad. A los meses me invitó a su boda, se casó en el mes de septiembre del año siguiente, pero no logré ir porque me faltó la vacunación suficiente que en aquel entonces pedían para viajar a España. Meses después, cuando le conté que tendría un viaje de trabajo a su país, me dijo que había hablado con Rocío, su esposa: *"Para nosotros sería un honor hospedarte en nuestro piso"*... Y así fue. Pero no olvidemos que era un tipo que yo no conocía en persona… En esos días en Madrid comprobé lo que se notaba en nuestras conversaciones: es un *chaval* caballeroso, servicial, atento y muy optimista… tiene un montón de virtudes. Y que no solo hace videos simpáticos, sino que incluso ha escrito un libro (que imagino que estará publicado para cuando se haya impreso este). Estando en su casa, me dio una copia para leerlo antes de publicarlo. ¡Es un libro fabuloso! Una novela de detectives que me mantuvo atrapado las semanas que tardé en leerlo…

Tercera historia: Viviendo en Hermosillo, al norte de México, descubrí el *crossfit*, deporte que desde entonces practico. Durante un tiempo coincidí con un *morro* con el que me tocó hacer *team WOD* en uno de los entrenamientos. Al acabar, se me ocurrió sacarle plática: Alan es su nombre, y me comentó que su hobby y su ilusión para dedicar toda su vida es montar toros. Por si no lo sabes, es una afición muy arraigada por aquellos lares en la cual la persona se sube a un toro bravío (uno real, no un juego mecánico) y debe permanecer sobre él al menos ocho segundos para que los jueces le pueden otorgar una calificación. Nunca se me hubiera ocurrido que eso fuera un hobby en serio, pero me pareció tan simpático (Alan y su entretenimiento) que me interesé por su vida, conocí a su familia e incluso me hice amigo de ellos hasta la fecha. Cuando dejé aquella ciudad Alan se fue a vivir por un tiempo a Texas, a perseguir su sueño de ser domador de toros.

Puedo afirmar que se aprende muchísimo de las personas desconocidas, pero requiere una cierta capacidad de interesarse por alguien, sabiendo que probablemente ese diálogo no vaya a representar nada en mi vida... pero uno nunca sabe.

Ahora cuento las iniciativas de otros, porque no solo he sido yo quien ha dado el primer paso. Recuerdo ahora a Dina que un día me escribió a la cuenta de Instagram del podcast: *"Hola soy Dina y me enviaron dos enlaces tuyos: Me han fascinado y también los he compartido. Lo único es que no entiendo todo tu vocabulario porque usas modismos regionales. Me gustaría que usaras palabras más universales y estándar…"* Resulta que Dina es hondureña, entonces, ante ese reclamo que me hizo le agradecí la sugerencia y le pedí modismos *catrachos*. No le conozco personalmente, pero me retroalimenta casi cada semana con el podcast… Es admirable alguien que se interesa por otro sin conocerle.

Y aquí va, sin duda, el caso más importante en mi vida. Coincidí con Héctor, un muchacho estudiante de Derecho en aquel entonces, en el autobús rumbo a la universidad. Al bajarnos ambos en la entrada de la misma, me sacó plática: *"Hace frío, ¿no?"* Era enero y yo llevaba puesta solo una camisa tipo polo. La conversación fue muy sencilla. Pero los siguientes días nos topamos en los pasillos, nos saludábamos, a ratos nos quedábamos platicando… Y así fue el inicio de una amistad. A él le debo haber descubierto mi vocación, y todo gracias al diálogo con un extraño. Vamos, pienso que, si no hubiera sucedido esta coincidencia, igual y Dios habría encontrado otras maneras de mostrarme por dónde iba mi vida. Lo cierto es que sucedió de esa manera: la llama encendió gracias al diálogo con un desconocido.

Recuerdo muy bien que fue a los 27 años cuando decidí que la vergüenza no sirve para nada, no es útil. La vergüenza limita. Entiéndase que hablo de la vergüenza de pedir un favor, de hablar con alguien que no conoces o conoces poco, de demostrar cariño... No de la vergüenza que me lleva a detenerme cuando estoy a punto de hacer una burrada o de portarme mal.

La vergüenza no es útil cuando uno trata de relacionarse con los demás, y no lo es porque impide que entre en la esfera de una persona desconocida. Usualmente conocemos a muchas personas por las relaciones que tenemos ya sea profesionales, de estudios, de familia, el amigo del amigo... esas situaciones que, hasta cierto punto, son un terreno fácil, conocido, porque ya sé algo de la persona, parto con ventaja.

Toparse con un desconocido e iniciar una conversación es adentrarse en un mundo extraño, ajeno y también impredecible. Soy consciente de que tal vez el 98% de los diálogos que tenga con extraños: esa persona a la que le saqué plática en la cola del banco o del supermercado, o aquella otra que me pidió una limosna, o quien me atendió en un consultorio médico, o el que contestó la llamada que hice al banco... no tendrán ninguna repercusión en el futuro. ¿Y el 2% que sí? ¿No habré dejado pasar una oportunidad si dejo de preocuparme por el otro? Cada persona tiene una historia que, si no pongo interés, no habrá manera de que la descubra, y tal vez haya muchas vainas valiosas que yo pueda aprender, pero no lo sabré si no lo intento.

Interesarse, una palabra muy simpática que tiene por etimología *inter - esse*: meterse en las cosas. Por lo tanto, adentrarme en la vida de otra persona, que esa persona ya no sea un extraño distinto a mí, ajeno a mi realidad, que deje de ser un extranjero de mi existencia, un migrante haciendo escala en mi vida. Y, siguiendo con el símil, que le expida visa para habitar en mi historia, tal vez un minuto o tal vez como Kacper o Fernando, con residencia permanente en mi vida. Porque amigos que han iniciado gracias a un diálogo con un desconocido puedo decir que tengo bastantes, solo necesitaba salir de mi zona de confort para ampliar el horizonte y tener una perspectiva distinta a la vida.

También puede suceder como con Ciro, un muchacho argentino con el que coincidí en un vuelo hace unos meses. Estaba a mi lado en el avión, y escuché que hacía comentarios a su hermana sobre casi todas las películas que ofrecía el servicio de entretenimiento de la aerolínea. Entonces le pedí que me recomendara alguna. De una recomendación pasamos a otra, y luego a hacerme preguntas sobre mi trabajo, y yo sobre la universidad y el equipo de futbol en el que entrena… y de ahí a diálogos más profundos sobre la vida… ¡7 horas sin dejar de platicar! Ciro es un *pibe* que piensa muy distinto a mí en muchos aspectos, pero fue muy interesante contrastar opiniones, llegar a unos acuerdos, yo cedí en unas cosas, él en otras... No sé si aquello fragüe en una amistad en el futuro, pero al menos siguió con interés mi viaje por su país y al volver a México con bastante frecuencia me encuentro algún mensaje con su inconfundible voz: *"Pabliiiiito, amigo mío, ¿qué decís? ¿Cómo va todo por allá? ¿Seguís tomando mate? Contáme algo de vos..."*

También recuerdo una plática muy simpática que tuve con un taxista en Barcelona, un chico interesantísimo, casado, tres hijos, contándome lo difícil que es la vida de casado y lo ilusionante que es llegar a casa después de una larga jornada de trabajo.

Coincidencias que da la vida, algunas, insisto, que no tendrán eco en el futuro, pero ¿y si sí? De aquí en adelante me pongo el reto de sacarle conversación a quien pueda, con quien me tope, no tener vergüenza porque no sé lo que se pueda venir de ahí. Lo peor que me puede pasar es que no me conteste, o incluso me vea con extrañeza, y si así sucediera, ultimadamente, si es un desconocido, ¿qué más me da su reacción? Pero, ¿y si era parte del 2% y tal vez has perdido una oportunidad?

18

Amigos, contactos y *followers*

Tener contactos no es tener amigos, aunque sí puede ser el inicio de una amistad. Algunas redes sociales han utilizado la palabra "amigo" como sinónimo de contacto. Y quizá está propiciando cierta devaluación del término. Es cierto que el concepto de amistad varía según la red social y según el usuario. No podemos decir que sea lo mismo un amigo en *Facebook* o *Tik Tok* que un contacto en *LinkedIn* o un *follower* en *Instagram* o *Twitter* (o *X*, o como le quieras llamar).

Cada red social proporciona relaciones distintas con los demás miembros, y es uno, como usuario, quien decide qué grado de amistad quiere otorgar a uno u otro contacto. Todos recibimos solicitudes de amistad de personas que no conocemos o creemos no conocer. Unos deciden aceptar y conceder a ese desconocido el privilegio de ser "amigo", mientras que otros creen en un concepto distinto de amistad y simplemente deciden que aquel rostro desconocido no tiene el privilegio de formar parte de su grupo de amigos: *¡No sé ni quién es!*

Porque la cantidad de amigos da igual, lo importante es que yo tenga buenos amigos, de aquellos profundos, de los que puedo confiar de verdad, aunque sean contados con los dedos de una mano. Pensar que soy un gran amigo porque tengo popularidad en alguna red social o porque tengo muchos *followers* o "amigos" es poco realista, es más, no me da ni de lejos la felicidad que representa un buen rato con un amigo.

A veces podríamos plantearlo así, pero siendo honestos amigos, amigos, amigos… pocos, nada que ver con los 300, 500 o 1600 amigos, seguidores o lo que sea que podamos tener en una comunidad online. Y ahora que lo veo, es curioso que a pesar del montón de veces que he usado el término "amigo" no había dicho aún su etimología. Amigo viene de la palabra latina *amicus* que surge de *amare*, por lo tanto, el amigo es el que amo, la persona a la que quiero, a la que le tengo cariño. ¿Puedo decir eso de todos mis contactos en las redes sociales?

La verdadera amistad se fundamenta en el trato real y tiene necesidad de él. Una red social puede ser un apoyo en la amistad, pero ese trato nunca logrará sustituir al que se tiene en persona. Para lo más necesario de la amistad: las confidencias, los diálogos, hace falta vida real y no sólo presencia virtual, aunque esta nos pueda ayudar muchas veces cuando la presencia física no sea posible. Y es otra vez Ana María Romero quien amplía este tema: "*Una cosa es utilizar las redes sociales como un medio más a mi alcance para profundizar en la relación, para recuperar amistades que se habían perdido, o para conocer gente nueva con la que puede surgir amistad, y otra es que la relación de amistad se reduzca a las posibilidades de comunicación que te dan las redes sociales que, aun siendo muchas, no dejan de ser insuficientes para lo necesario entre amigos".[93]*

Como ya contaba en otro capítulo, mi amistad con Fernando, el chico español del *vídeo* ganador de un concurso online, ha crecido tremendamente desde que lo pude conocer en persona dos años después de empezar a tratarnos por medios electrónicos. Y aunque la distancia continua, procuramos tener con cierta frecuencia videollamadas para mantener la cercanía y disminuir la distancia.

Algo por el estilo puedo decir de mi gran amigo Felipe, quien desde hace varios años vive en otro continente. Si no fuera por WhatsApp no habría manera de continuar la amistad, ¡y son tantas las confidencias que nos hacemos! Aquí se cumple a la letra aquello que dice que las redes sociales disminuyen la distancia de los lejanos (aunque también critiquen que

---

[93] Romero Iribas, A. M. (2015). *La innecesaria necesidad de la amistad*. EUNSA.

aumentan la distancia de los cercanos… cosa que procuro que no suceda con los míos).

En un caso muy concreto, cuando es una fecha importante, el cumpleaños o un aniversario, felicitar en un grupo de WhatsApp, o peor aún, en el muro de Facebook, demuestra muuuuy poca amistad. Seamos honestos, ¿quién de verdad siente cariño por una felicitación como esa? Me parece que se trata más de cumplir con el compromiso que unirse a la alegría del festejado. Incluso diría que, si vas a felicitar por esa vía, mejor no lo hagas, qué pereza tener que agradecer cada mensaje… al cumpleañero le complica más el día que alegrarlo. Bueno, puedo equivocarme… es mi punto de vista.

Si a esas vamos, un mensaje de voz personal me parece un mucho mejor detalle. Y no se diga una publicación entre las historias de Instagram, eso es lo más parecido a las tarjetas de felicitación en papel que eran tan usuales hasta hace unos años. Al menos hay un esfuerzo por tener un verdadero detalle de cariño con el amigo.

Y si la vía electrónica es un mal medio para las cosas alegres, para las complicadas resulta muchísimo peor. *"El hecho de no tener que enfrentarse a una persona sino a una pantalla para decir a un amigo cosas que pueden resultar* difíciles o costosas, puede hacer que no comprenda bien las repercusiones de lo que se dice y hace. La responsabilidad, sin embargo, es la misma en el mundo virtual que en el real. «No hagas en el mundo virtual lo que no harías en el real», aconsejaba un experto en redes sociales. No es lo mismo pedir disculpas con un «perdón» en el chat que hacerlo mirando a la cara a la persona, explicándole por qué hemos actuado mal. Ni siquiera el uso de los emojis sustituye a la persona, pues mi mirada de comprensión a un amigo que me está contando algo que lo hace sufrir no tiene emoji [ni sticker] que la reemplace, como tampoco lo hay para expresarle la alegría que me puede dar el que haya recibido una buena noticia. Mi forma de expresar la alegría es la mía, distinta de por sí de la de cualquier otro amigo, y desde luego irreductible a un happy face bajado de la red".[94]

Por otro lado, las redes sociales y los chats nos pueden causar ciertos conflictos. ¿A quién le ha dado gusto que lo dejen "en visto"? ¡Es que para algunos podría ser el fin de la amistad! A veces es por accidente, no puse atención y dejé pasar la conversación y el problema es que el otro no sabe las razones. También podría ser porque no quiero contestar en ese momento y sería más una falta de valentía para enfrentar las

---

[94] Romero Iribas, A. M. Ob. Cit.

cosas… Si esa conversación sucediera cara a cara no habría manera de dejar "en visto" que no fuera una grosería.

Lo mismo llega a suceder cuando alguien interpreta de cierta forma la respuesta que pude haber hecho a un comentario de Instagram, Twitter o cualquier otra cosa porque las palabras por escrito no llevan muchos sentimientos por más stickers y emojis que queramos incluir y es fácil que no se comprenda del todo lo que yo he querido decir.

Entonces, en qué quedamos: ¿las redes sociales son beneficiosas o contraproducentes para la amistad? Bajo mi humilde punto de vista, creo que son muy beneficiosas. Nos permiten mantener relaciones más intensas con nuestros amigos, facilitan el contacto directo con aquellos que no tenemos físicamente próximos. Nos ayudan al intercambio de contenidos de interés común que nos unen aún más con nuestros amigos porque incluso los conocemos más por el tipo de cosas que comparten y es bien interesante saber qué es lo que sienten o qué traen en la cabeza. En definitiva, me parece que, bien usadas, potencian nuestras relaciones de amistad. El reto pasa por evitar la confusión entre la amistad real y la amistad virtual. Lo que no deja de ser sinónimo de la palabra "contacto". Hay que aprovechar el contacto que se tiene en una red social, pero hay que cuidar que no sustituya lo importante entre los amigos porque las cosas que importan y que valen la pena se dicen cara a cara.

19

La huella de la amistad

Los amigos coinciden en algún momento de la vida, se caen bien mutuamente, se entienden en lo importante, se conocen a profundidad, encuentran lo bueno del otro, son leales y se tienen cariño. Pero, además, saben escuchar, son empáticos, afables, se tienen paciencia y saben perdonar. Ahora, lo que más distingue al amigo es ese deseo de que a mi camarada le vaya bien. Quiero lo mejor para mi amigo sobre todas las cosas, incluso aunque yo no pueda vivirlo con él, aunque se vaya a vivir a una ciudad lejana, aunque decida algo distinto a mi parecer…

Los amigos se hacen mejores personas mutuamente, su cercanía busca esa benevolencia desinteresada que pone en otro nivel la amistad. Solo existe amistad cuando quiero lo bueno para mi amigo pues no existen los amigos malos, si quiero que le vaya mal al otro, o le tengo envidia, o le llevo a hacer el mal, entonces no soy amigo. No hay un mal amigo porque un amigo nunca te lleva al mal.

El cariño de mi amigo me hace mejor persona, su ejemplo, su valentía, su preocupación por los demás, su buen humor, su laboriosidad… son un buen ejemplo para mí. Y sí él es un buen modelo de virtudes para mí, yo he de estar a su altura, he de proponerme mejorar en aquello que veo de bueno en él.

En otro capítulo hablé de Kacper, mi *przyjaciel*, mi amigo polaco. Como decía, hemos continuado la amistad de lejos, y siempre hablamos o nos escribimos en inglés. En una ocasión me sorprendió diciendo algunas frases en español… ¡Me emocioné!: mi amigo había hecho el esfuerzo de recordar sus clases de español de la infancia solo para tener ese detalle conmigo… y yo era incapaz de decir "hola" en polaco. Gracias a su ejemplo me puse a estudiar su lengua, dificilísima, por cierto, y honestamente no he conseguido avanzar casi nada, pero por lo menos ya puedo decir *Cześć, mój drogi Kacprze!*

Si los amigos nos "arrastran" de buena manera a ser un poco mejores, de la misma forma yo quiero compartir con ellos lo mejor que tengo y lo mejor que vivo. Si antes decíamos que quiero lo mejor para mi amigo, aunque no sea conmigo, ¡lógicamente, si es posible a mi lado, mil veces mejor! ¡Qué padre es compartir con mi amigo lo que más me gusta!, ¿verdad?

En cuanto descubro una buena serie o un buen restaurante, le cuento a mis compas, les platico todas las maravillas que tiene y seguramente acabo por convencer a alguno de que vea la serie, aunque sea el primer capítulo... Y le paso la dirección del restaurante al otro, es más, me lo llevo a comer ahí. Y lo mismo en sentido contrario: *"Algunos lugares son nuestros, otros nos los regalan los amigos. Cuando alguien querido nos habla de un sitio especial para él solo hay una respuesta posible: respeto, ojos bien abiertos y desbordada alegría infantil. Cualquier otra actitud sería ruin"*.[95]

Es el gusto de compartir lo bueno, sería rarísimo que ese gusto particular que tengo me lo reservara para disfrutarlo en solitario. Bien lo dice mi buen amigo Antonio Gervas: *"La vida, lo mejor que tiene la vida, hay que compartirlo, si no no sabe igual"*.[96]

Como ya se ha dicho, para que surja y se mantenga una amistad es necesario coincidir en algo, ¡qué mejor que esas coincidencias sean en cosas buenas que a mí me gustan! Casi todos mis amigos conocen mi cervecería favorita; a todos les he hablado de *El Principito*, de la autobiografía de Rafa Nadal[97] y

---

[95] Riezu, M. (2022). *Agua y jabón*. Anagrama.

[96] Notas tomadas en una conferencia.

[97] Nadal, R. y Carlin, J. (2011). *Rafa, mi historia*. Indicios.

del buen método que plantea James Clear en *Atomic habits*[98]. Porque lo que me gusta, lo quiero compartir, y si disfruto esos gustos en soledad, cuánto más si lo hago con alguien a quien quiero.

¿Acaso hay algo más placentero que leer un buen libro tomando un buen café? Sí, ¡tener una plática con alguien que haya leído ese libro!... y tomando un espresso doble cortado (y mejor aún si te lo prepara Chava en la cafetería y panadería que tiene con AnaLau, su esposa, en Guadalajara[99]). No hay nada mejor que compartir lo que yo he encontrado, uno se emociona aún más, se disfruta más.

Hay muchas cosas placenteras de las que da gusto hacer proselitismo: un deporte, un hobby, un podcast, un curso... Pero aún hay cosas más grandes que compartir. ¿Qué es lo que más hace me feliz? ¿En qué encuentro la tranquilidad? ¿Qué le da sentido a mi vida?

Si he encontrado algo de verdad valioso, lo lógico es que quiera hacer partícipe a mis amigos de ello. Si me da paz la cercanía con Dios, si he hallado una forma de vivir donde me siento pleno, si he descubierto una manera de enfrentar la vida

---

[98] Clear, J. (2019). *Hábitos atómicos*. Paidós.

[99] https://www.instagram.com/gutercoffeebread/

con una sonrisa y dándole fondo y tranquilidad a mi alma, ¿cómo no lo he de compartir? ¿Cómo no voy a querer eso para mis amigos? ¿Cómo no voy a querer que ellos disfruten lo que yo disfruto, que vivan con la tranquilidad con la que yo vivo? A eso es lo que llaman apostolado: sentirse con la misión de mostrar a los amigos un camino más amplio y alegre estando cerca de Dios.

El apostolado no es algo distinto, algo que se añade a la amistad, *"la amistad misma es apostolado; la amistad misma es un diálogo, en el que damos y recibimos luz; en el que surgen proyectos, en un mutuo abrirse horizontes; en el que nos alegramos por lo bueno y nos apoyamos en lo difícil; en el que lo pasamos bien, porque Dios nos quiere contentos".*[100]

Porque hay cosas que da gusto compartir y otras que cambian la vida… *"Lo que cuenta en la vida no es el mero hecho de haber vivido. La diferencia que hemos marcado en las vidas de otros es lo que determinará la importancia de la vida que hemos llevado".*[101]

---

[100] Ocáriz, F. (9 de enero de 2018). *Carta del Prelado sobre la libertad.* Recuperado de https://opusdei.org/es-mx/article/carta-pastoral-prelado-opus-dei-9-enero-2018

[101] Mandela, N. (18 de mayo de 2002). *Discurso en las celebraciones del 90º aniversario de Walter Sisulu.*

En el libro *La sociedad de la nieve*, que reúne los testimonios de los 16 sobrevivientes del milagro del equipo de rugby en los Andes, casi todos dicen algo sobre Numa Turcatti, uno de los últimos en fallecer en la cordillera. *"Cuando hablo de Numa me pongo a llorar: es la mejor persona que conocí en mi vida"*, dice Coche Inciarte. *"Siempre estuvo pendiente de la angustia de todos. Irradiaba paz, jamás claudicó, cuando él se acercaba yo sentía como si bajara Jesucristo, con la misericordia a flor de piel, en la mirada. No sé de dónde sacaba tanta fuerza"*. Y luego Gustavo Zerbino completa: *"Numa dio la vida por los demás, hasta «quemarse» de agotamiento. Quería colaborar, hasta el final, actuando en lo que pudiera. Miraba con una paz infinita. Nunca se quejaba. Numa se fue transformando como ninguno: de aquella fortaleza física del principio, terminó en un moribundo esquelético. Pero mantuvo sus cualidades hasta el fin. Su forma de derrotar la tragedia que estábamos viviendo: no vivir en función de ella sino plantear sus propios objetivos y cumplirlos, hasta el último respiro. Por eso, cuando murió, tenía apretado en el puño un papelito donde había escrito: «No hay amor más grande que dar la vida por los amigos»*[102]. Ojalá mis amigos pudieran hablar de esa forma sobre mí... solo entonces habré demostrado qué es ser un amigo de verdad.

---

[102] Vierci, P. (2008). *La sociedad de la nieve*. Sudamericana.

20

Para terminar…

Como habrás podido ver, todo el libro lo he intentado escribir en primera persona por dos razones: en primer lugar, porque soy yo quien quiere ser un amigo, y no esperar a que otro lo sea, es mi aspiración considerarme amigo de mis amigos y que ellos encuentren en mí al amigo siempre presente. Sin duda me doy cuenta que tengo muchos y buenos amigos, pero siempre puedo ser un mejor amigo, es por eso que, de entrada, me hablo a mí mismo.

En segundo lugar, pretendo con este libro que seas tú, amigo lector, quien tome mis palabras y te hagas un mejor amigo, un verdadero amigo. Entonces experimentarás como yo lo que aquel sabio griego condensa en pocas palabras: *"la amistad es absolutamente indispensable para la vida: sin amigos nadie querría vivir, aun viéndose saciado de todos los demás bienes."*[103]

Uno de esos momentos bonitos en mi vida ha sido cuando visité a Kacper en Varsovia. La última noche nos

---

[103] Aristóteles. *Ética a Nicómaco.*

quedamos platicando hasta ver el amanecer. Hablamos de muchas cosas, aunque sobre todo fue él quien me contó asuntos de su vida que, según él, solo los mejores amigos saben, y que por eso yo había subido de categoría entre su lista de amigos... Eso fue un piropo que no esperaba y que me hizo sentir muy bien: lo más bonito en esta vida es saberse querido.

Por cierto, esa noche me explicó que en Polonia la gente tiene muy claro en qué nivel de amistad están las personas con las que conviven:

1. *Najlepszy przyjaciel* (mejor amigo)
2. *Przyjaciel* (amigo)
3. *Kumpel/dobry kolega* (un buen compa)
4. *Kolega* (compañero, colega)
5. *Znajomy* (conocido, alguien que sabes quién es, aunque no un famoso)

Y esta era su explicación: *"Un 5 es alguien a quien saludo, charlo un poco y ya. Un 4 es alguien que conozco y con quien paso tiempo en grupos pequeños, pero rara vez, o nunca, quedaría a solas. Un 3 es alguien con quien me llevo bien, quedaría a solas con él y nos conocemos mucho el uno al otro. Un 2 es alguien a quien contaría todas mis dificultades, le pediría ayuda y estoy seguro de que siempre me ayudará, lo sabe todo de mí, un amigo. Y un 1 es el más cercano de ese pequeño grupo de 2".* Evidentemente no puedo tener más que un mejor amigo, y tampoco puedo pretender ser amigo para todos, seguro seré un buen *kumpel* de muchos, y un colega para muchísimos más. La idea es que me esfuerce por adquirir las virtudes de la amistad.

Me explicaba mi amigo Jorge *Carlo*, ahora que se ha convertido en un sabio de la agricultura, que hay algunos árboles que comparten raíces y así logran alimentarse mejor y, de alguna manera, se cuidan entre ellos. Hay un hongo que provoca esa conexión, se llama micorriza. Y entonces experimenté un *¡bingo!*: la micorriza es una analogía de la amistad entre las personas. En la micorriza, el hongo y la planta intercambian recursos que son esenciales para su supervivencia. De manera similar, en una amistad, las personas comparten recursos como tiempo, apoyo emocional, consejos y ayuda práctica. La micorriza protege a la planta de patógenos, mientras que el amigo siempre está pendiente de cómo ayudar al amigo, habla bien de él y le corrige cuando nota que se ha equivocado. Y para completar la analogía, tanto la micorriza como la amistad pueden ayudar a los individuos a crecer y hacerse mejores. La micorriza puede ayudar a la planta a absorber más nutrientes y agua, lo que le permite crecer más fuerte y saludable, ¿y en la amistad? ¡También! Solo es amistad la relación que hace mejor a ambos amigos, entonces se ve claramente cómo los árboles crecen por las raíces, las personas por los amigos.

Solo hay una diferencia y que resulta determinante: la micorriza es una asociación involuntaria, en cuanto aparece el hongo, se produce esta conexión, mientras que la amistad es una relación voluntaria que se basa en la confianza y el cariño, no puedo obligar a nadie a ser mi amigo, pero sí puedo esforzarme por ser digno de llevar ese título.

Me ha gustado mucho todo el proceso de este libro, más aún porque nunca he estado solo. Desde el inicio, con los ánimos que me dieron Mayel y Jorge para hacer unos guiones sobre la amistad, después la reacción de los muchachos a los que daba el círculo de universitarios que eran mis conejillos de indias, entonces venía la sesión "seria" con mis amigos que finalizaba grabada en el podcast. El empuje de Enrique fue decisivo para animarme a pasar esos podcasts a un libro, y ahí la ayuda de Jonathan fue determinante para completar mis notas y sacar las citas a pie de página. Luego vinieron las muy atinadas críticas de Fer, Andrés y Mayeyo. Y culminar con los detalles en los que nuevamente Andresito estuvo muy al pendiente: la portada, el collage de fotos de amigos y, en general, todo lo bonito del libro es gracias a él.

Te cuento una anécdota: para la edición del podcast "El menos común de los sentidos", cada semana un amigo se lleva el audio que se graba los miércoles, limpia los errores, coloca la cintilla musical de inicio y fin, y lo envía a un grupo donde estamos otros dos que lo escuchamos nuevamente, por si hay algo más que corregir, lo subimos a la plataforma, ponemos título y descripción, y listo, se publica cada lunes. Bien, pues algo que me toca hacer es escuchar cada semana el mismo audio que impartí dos veces en la semana, no me resulta raro porque, honestamente, para mí, aquella voz es la del podcast, no la mía... la mía suena distinta (como nos sucede a todos...) Entonces, así aprovecho para sacar algún nuevo propósito de lo que escucho. Pues exactamente lo mismo me ha sucedido mientras hacía las correcciones de este libro: cada nueva lectura encontraba algo que podía mejorar como amigo, una idea que me hacía reflexionar y proponerme algo concreto para poner en práctica.

Por eso espero que te suceda lo mismo, que cada vez que leas este libro descubras algo novedoso, igual y surge alguna duda, o encuentres un tema del que te gustaría hablar, ojalá pienses en mí para hacerlo, estaría interesante poder platicar sobre este libro y lo que te deja, tal vez sea el primer paso de una nueva amistad.

Bibliografía

Agustín. (397 d.C.). *Confesiones.*

Aldana, R. (18 de enero de 2017). *7 lecciones de vida que nos enseñan los hermanos.* La mente es maravillosa. https://lamenteesmaravillosa.com/7-lecciones-de-vida-que-nos-ensenan-los-hermanos/

Aristóteles. *Ética a Nicómaco.*

Barrazas, D. (8 de junio de 2020). *129 | Di no a la indiferencia | Saskia Niño de Rivera.* Dementes podcast. https://podcast.dementes.mx/129-di-no-a-la-indiferencia/

Barrazas, D. (2 de abril de 2020). *Cómo aprender a través de la empatía | Andrea Yriberry | UNSCHOOL 017.* Dementes podcast. https://podcast.dementes.mx/como-aprender-a-traves-de-la-empatia/

Benedicto XVI. (2006). *Deus caritas est.*

Cicerón (44 a.C.). *De Officiis.*

Ciriza, A. (12 de septiembre de 2017). *Nadal: "Ser buena gente vale más que cualquier título".* El País. https://elpais.com/deportes/2017/09/11/actualidad/1505136483_718650.html

Clear, J. (2019). *Hábitos atómicos.* Paidós.

Coffin, P. (2020). *The Crisis of Male Friendships.* https://www.patrickcoffin.media/the-crisis-of-male-friendships/

Corominas, F., & Alcázar Cano, J. A. (2014). *Virtudes humanas.* Palabra.

De Aquino, T. (1264). *Suma contra los gentiles.*

De La Rosa y Carpio, R. B. (2019). *Memorias*. Letragráfica.

De Vega, L. (1632). *La Dorotea*.

Díaz Covarrubias, E. (2019). *Paciencia de Dios, impaciencia de los hombres*. Minos Tercer Milenio.

Dunbar, R. (2023). *Amigos, el poder de nuestras relaciones más importantes*. Paidós.

Escrivá de Balaguer, J. (1962). *Surco*.

Francisco. (2016). *Amoris laetitia*.

Francisco (2013). *Evangelii gaudium*.

Francisco. (2019). *Christus vivit*.

Gervas, A. (2022). *Educa en positivo y lidera el cambio*. Tecnos.

Goleman, D. (1995). *Inteligencia Emocional*. Kairos.

Insa Gómez, F. J. (2019). *Amar y enseñar a amar. La formación de la afectividad*. Palabra.

Laín Entralgo, P. (1972). *Sobre la amistad*. Biblioteca Virtual Miguel de Cervantes.

Lemos, R. (25 de enero de 2021). *Admirar a los demás te permitirá aprender*. Mejor con salud - As. https://mejorconsalud.as.com/admirar-a-los-demas-te-permitira-aprender/

Lewis, C.S. (1960). *Los cuatro amores*.

Mandela, N. (18 de mayo de 2002). *Discurso en las celebraciones del 90° aniversario de Walter Sisulu*.

Nadal, R. y Carlin, J. (2011). *Rafa, mi historia*. Indicios.

Ocáriz, F. (14 de febrero de 2017). *Carta del Prelado*. https://opusdei.org/es/article/carta-pastoral-prelado-opus-dei-14-febrero-2017/

Ocáriz, F. (9 de enero de 2018). *Carta del Prelado sobre la libertad.* https://opusdei.org/es-mx/article/carta-pastoral-prelado-opus-dei-9-enero-2018

Phelps, M. (2012). *Bajo la superficie.* Patria.

Populín Such, S. (27 de mayo de 2022). *¿Amistades con el sexo opuesto durante el noviazgo? Consejos para saber vivirlas.* https://catholic-link.com/amistades-con-el-sexo-opuesto-noviazgo/

Chapman, G. (1992). *Los 5 lenguajes del amor.* Unilit.

Riezu, M. (2022). *Agua y jabón.* Anagrama.

Rojas, E. (3 de junio de 2009). *"Felicidad es tener salud y mala memoria".* https://www.elperiodico.com/es/opinion/20090603/enrique-rojas-felicidad-salud-mala-125411

Romero Iribas, A. M. (2015). *La innecesaria necesidad de la amistad.* EUNSA.

Saint Exupéry, A. (1951). *El Principito.*

Saint-Exupéry, A. (1939). *Tierra de hombres.*

Sosa, B. (6 de febrero de 2018). *Amistad y Familia.* https://tutti.com.mx/blogs/ladolcevita/amistad-y-familia

Tertuliano. (siglo III d.C.) *Sobre el alma.*

Ugarte Corcuera, F. (2014). *El arte de la amistad.* Rialp.

Vierci, P. (2008). *La sociedad de la nieve.* Sudamericana.

Wilde, O. (1890). *El retrato de Dorian Gray.*

Índice